バタ足ノンデュアリティ

ノンデュアリティって、徹底、
日常生活のことなんですよ！

金森 将

ナチュラルスピリット

目次

第二章

これがリアルなノンデュアリティだ

第三章　もっとリアルに

第四章　ゆったり輝く

すべてが完璧な現れです。
すべてが自動で運ばれています。
私たちはいっさい介在することができません。

一見、明かりの見えないようなこの真実の中にこそ、
じつは私たちが求めてやまない
〝本当の自由〟があるのです。

私たちは、まちがえようと思っても、
まちがえようのない道の上を歩いています。

どうやっても、まちがえようがないんですよ！

それならば！

もっと好きに生きていい、
もっとゆったりと安心していい。

ノンデュアリティは、「自由への切符」です。

この切符を手にした日から、私はこれまでの人生でもっとも幸せな日々を過ごしています。

けれども、ここにたどり着くまでの道のりは、決して平坦ではありませんでした。会社の業績低迷、予期せぬ出来事、人間不信。私の心の奥底には、何かをつかもうとしたときに必ずくっついてくる、手に入らないことへの怒りや悲しみ、苦しみがいつも渦巻いていていました。

なぜ、手に入らない。
なぜ、うまくいかない。
ほかの人たちが手に入れているそれを、なぜ私は手にすることができない。
これほどがんばっているのに、なぜ、なぜ、なぜ——。

泥沼の中で、もがきつづけました。

今は、なぜ手に入らなかったのかがよくわかります。とても単純なことです。それは、私の都合などとはまったく関係なく、すべてが〝ただそのように起きているだけ〟だからです。深い意味などありません。ただそれだけのこと。「全体」がそのように動いているだけなんです。

それを理解していなかった私は、どうにかそれを変えられないものかと、ひたすらもがき苦しみました。

けれども、ただ起きるべきことが起こる。起きないことは、どれほどもがこうが起きない。私の想いなどどこ吹く風と、それは、そのように、ただ淡々と起きる。一方、私はひたすら抵抗し、悶々と苦しむ。そんな年月をどれだけ過ごしてきたでしょうか。

そんな中で、ある日、瞑想と出会い、およそ五年のあいだに二度の一瞥体験をしました。涙があふれるような素晴らしい体験でした。

けれど、それで何かが変わることはありませんでした。私は、何か糸が切れたように、それから半年ほどいっさいの学びから離れました。瞑想もやめました。

そんなある日、私は、それまでに二度体験した一瞥とはまったく違う体験をしました。

完全な空白――。

そして、そののちに、じわじわと押し寄せてくる気づきの波。

その内容をできるだけわかりやすく伝えたいと、長い歴史の中で育まれてきた禅のエッセンスなどを織り交ぜながらブログに書きはじめたところ、多くの方が読んでくださるようになり、今こうして本を書かせていただいているわけです。

私がお伝えしていることは、

「ノンデュアリティは、なんだかよくわからないふわふわしたものなんかじゃなくて、私たちの実生活そのものなんですよ」ということです。そして、

「私たちは、何も変えることなどできない完璧さの中で、すでに満たされているんですよ」ということです。

本書では、そんな内容を、ふだんの生活の中で出会う身近な例を取りあげながら、わかりやすくお話ししていきます。

それでは、まずは、私が現在にいたった経緯からお話ししてまいりましょう。

第一章

気づきまでの軌跡

願望実現系の教えとの出会い

私が精神的な学びをはじめたきっかけは、単純に「成功したい」という理由からでした。三十代はじめの頃です。

最初の出会いは、ナポレオン・ヒル氏の本でした。それこそぼろぼろになるまで読みました。やがて、いわゆる自己啓発本といわれる似たような本をつぎつぎに買い込み、赤線を引き、付箋を貼り、それなりに実践もしていたつもりだったのですが、なかなかそれらしい成果が得られずにいました。

そんな中で出会ったのが、ジョセフ・マーフィー博士の本でした。まだ、インターネットなどというものが世に現れるずっと以前のお話。たまたま用事で行った御茶ノ水の古本屋街で見つけました。

それまで学んできた多くの成功法則では、『信念と行動』というものがキーワードでしたが、マーフィー博士が言う『潜在意識に働きかける』という考え方に、私はたいへん興味をそそられました。

潜在意識が現実をつくる――。

このなんとも神秘的な響きに、といいますか、〝楽して成功できそうな〟夢のような響きに、私の心は大いに舞いあがったのでした。

その後、博士のほかの著書や別の著者の本を書店で取り寄せてもらっては、片っぱしから読みました。しかし……。

アファメーションにしても、夜寝る前のイメージングにしても、夢を紙に書き出すにしても、願うものの写真を部屋に貼り出すなどにしても、どれもこれといった成果が得られないまま、すべて中途半端。結局、いつのまにかフェードアウトしていったのです。

転機

この何年かあとに、私の人生を変える運命的な出会いが訪れました。妻です。たいへん楽しい妻です。

しばらくしてから、妻が学生のころからスピリチュアルの世界に感心を持ち、そういった本も多く読んでいたことを知りました。一方、私もジョセフ・マーフィー博士をはじめとする「潜在意識を活用する」という類の本を読みあさっていたことなどから、妻が話すスピリチュアルの世界のことを多少は受け入れやすい状態にあったのです。

そんな中、妻の口からシャーリー・マクレーンの名前が出てきたときには驚きました。あの大女優が？　なぜ？　という思いと同時に、私の脳裏に若き日の彼女の映像がくっきりと浮かびあがったのです。

じつは、かつて私はシャーリー・マクレーンに恋をしていた時期があったのです。中学生のころです。シャーリー本人というよりも、おそらく彼女が映画の中で演じていたフランという女性に好意を寄せていたのだと思います。

一九六〇年にアメリカで公開され、アカデミー賞五部門を獲得した大ヒット映画。ジャック・レモンとの共演の『アパートの鍵貸します』（邦題）でした。シャーリー・

マクレーンが演じていたのはオフィスビルのエレベーターガール。夜中にテレビでこの古いモノクロの映画を見て、ひと目で好きになってしまったのです。

けれども、当時はレンタルビデオなどというものはない時代。というより、そもそも一般家庭にビデオ機自体がまだない時代でした。ＶＨＳなどというものが世に出てきたのは、まだ何年もあとのことだったのです。

ですので、フランにまたお目にかかるには、ふたたびテレビで放映されるのをひたすら待つしかありませんでした。それからしばらくの間、私の生活は、新聞の夜中のテレビ欄をひたすらチェックする日々となったのでした。

この当時、クラスメイトが天地真理だ、南沙織だ、浅丘めぐみだと、アイドルたちに夢中になっている中に私は入れませんでした。まったく興味が湧かなかったのです。そんな私がひそかに恋心を寄せたのがシャーリー・マクレーンだったのです。

彼女がチャネリング？　神秘体験？　ニューエイジ世代の旗手？　なぜ？　という想いでした。この世界でのブレイクのきっかけは、著書『アウト・オン・ア・リム』が爆発的にヒットしたことだと妻から聞きました。スピリチュアルという概念や超常的な現象体験、自身の葛藤を赤裸々につづった自伝的小説です。ご存知の方も多いでしょう。

このあたりから、いろいろな人の講演に足を運ぶようになりました。妻がどこからともなく情報を持ってきては、いっしょに行ったのです。

南米の偉い先生

最初に行ったのは、『前世療法』で知られるブライアン・ワイス博士の来日講演でした。そのあとに行ったのが、ちょっと怪しいところ。どこで聞きつけてきたのか、南米からすごいサイキック能力のある偉い先生が日本に来ると、ある日、妻が言いました。

すごい先生と聞いていたのですが、地図を頼りに細い路地をたどってみると、そこは古いふつうの民家で、人がパラパラと集まってきていました。なんだか雲行き怪しい雰囲気がめいっぱい漂っていました。

ちょっと不安になった私が、

「だいじょうぶなの？」と聞くと、

「と思う……」と、なんとも頼りなげな返事。

順番を待つ私たち。奥の部屋からは、何やらバンッ、バンッ、バンッと何かを叩く音が聞こえています。

やがて私たちの順番が来ると、偉い先生の待つ六畳ほどの和室に招き入れられ、〝治療〟と呼ばれる代物を施されました。

四つん這いにされて、背中をバンッ、バンッ、バンッと何度も思いっきり叩かれて、はい、それでおしまい。

悪い気を払ってくれたとのことでした。当然ながら、私たちが部屋を出たあとも、バンッ、バンッ、バンッという音が、ベニヤ張りの壊れそうな扉の向こうから聞こえていました。

笑ってはいけないのかもしれませんけれど、帰り道に二人で笑わずにはいられなかったのを思い出します。スピリチュアルは、ときに、こんな楽しい経験も私たちに届けてくれました。

大ヒンシュク事件

妻の話はまだあります。これは、かなりヤバかったお話です。

当時すでにお亡くなりになっていましたが、百歳を超えてもなおゴルフに通うなど、身をもってその健康法を実証したある高名な医学博士の提唱した呼吸法の講習会に行ったときのことです。この呼吸法で願望も叶えることができると聞いては、じっとなどしていられません。もちろん、これも妻が本か何かで見つけてきました。

そして、事件は講習会の真っただ中で起こりました。

願望実現に効果があるというおまじないのような言葉を、講演者のあとにつづいて会場全員で唱和するのですが、その独特の言い方が、妻のツボにはまってしまったらしいのです。下を向いて笑いをこらえる妻。しかし、肩が細かく揺れるのはどうにも押さえ切れません。

「クククク……」と、妻の顔は真っ赤。

四〇人ほどでほぼいっぱいの会場。目立ちます。

「〇〇ちゃん（妻の名）、まずいよ」私は声を押し殺して言いました。

しかし、

「ククク……クク……やばい、どうしよう。クククク」と妻。

ふとまわりを見渡すと、何人かと目が合いました。非常にまじめな講習会です。博士の熱烈な支持者なども多い集まりなのです。大ヒンシュクものです。

けれど、妻の笑いは止まりません。その妻の様子があまりにも滑稽だったため、やがて私もこらえ切れず、思いっきり噴き出してしまったのです。冷たい視線がまわりから一斉に飛んできました。私たちは逃げるように会場をあとにしました。

外に出てすぐ私たちは、堰《せき》を切ったように大笑いしました。ひとしきり笑ってから、

「あー、死ぬかと思った」と妻。

まさに冷や汗ものでした。

あなたにも経験ありませんか？

絶対に笑ってはいけないようなシーンで、笑いが止まらなくなってしまったことが。

禅との出会い、そして、二度の一瞥体験

その後、さまざまなスピリチュアルリーダーと呼ばれる人たちの本に触れていきました。

その中で、私に強い影響をもたらしたのが、ティク・ナット・ハン師でした。禅との出会い。ここから私は、瞑想にはまっていきました。

そうして一年がたったころに、最初の一瞥体験をしました。それは素晴らしい体験でした。全身がとてつもなく大きなものに包まれ、涙があふれました。私は、しばらくその感覚を求めたりもしましたが、なんとなく、まあ、いいかみたいになって、忘れていきました。

というのも、もともと私は悟りとか一瞥みたいなものにとくに関心がなかったので

す。瞑想は、苦しい心をどうにか楽にしたいという気持ちがあってはじめましたが、私に合っていたみたいで、やっていくうちに瞑想そのものが、ただただ楽しくなっていったのです。

とにかく、悟りとか気づきなどというものは、はるか遠くにあるもので、自分にはまったく縁のない世界のことだと思っていました。

「死んでもいい覚悟を持って修行に打ち込まなければ到達できるものではない！」などというお坊様の言葉をどこかの本で読んでしまっていたので、私の中には、最初から、自分とはまったく関係のないものだったのです。

そして、それから四年ほどが過ぎたころ、とくに望んでもいなかった二度目の一瞥体験をします。

今度は、自分が想像上の景色とつぎつぎに一体になっていく感覚でした。草になり、空になり、風になり、線路になり、トロッコになり――。これも素晴らしい体験で、このときばかりは、悟りなどに興味のなかった私も、さすがに、自分にたいへんなことが起きたと思いました。

「もしかして私は悟ったのか⁉」なんて、大興奮して妻に話したものでした。

しかし、これはのちに、ただの思考のいたずらにすぎなかったことを知ったのです。

空白の時間、明らかになる真理

この二度目の一瞥が起きてから半年ほどたったある朝のことでした。私はケーキ店を経営していて、家から仕事場に向かって歩いている途中のことでした。ぜんぶではないのですが、途中の記憶が飛んでいました。けれど、そのときは深く考えることもなく、店に着き、そのままいつものように仕込みをはじめました。

しばらくたった時でした。

毎朝の仕込みでは、一回一〇分程度の同じ作業を何回も繰り返すのですが、そのうちの二回分が知らないうちに終わっていたのです。まったく意識がないままますすめられていました。その〝空白〟の記憶をたどっても、どうやっても何も出てきません。

唯一かろじて呼び起こせたのが、すべてが自動で起きていた？　ということぐらい。

なんじゃこりゃ？　という感じでした。

けれども、少しすると、なんともいえない感覚が、じんわりと湧きあがってきたのです。

それは、**「すべてはただ起きている。そして、すべてが非の打ちどころもないほどに完璧である」**ということでした。

完璧――。

この言葉がくりかえし頭の中で鳴り響きました。けれども、このときは、この言葉が示す本当の意味をまだ何もわかっていませんでした。そのせいか、以前の二度の一瞥体験のときのような特別な感覚みたいなものは何もありませんでした。

本当に静か。ただ静かにそれが湧きあがっただけ。

というか、もっと言ってしまうと、そもそも何もなかったような……。

すぐには妻に話さなかったほどです。何かと忙しい時期だったこともありますが、まあ、そんな程度の感覚だったのです。

しかし、しばらくすると、じわじわと大きな変化が現れてきました。さまざまなことが、まるで霧が晴れるように明らかになっていったのです。


これが、私が現在にいたった、ごくごく簡単な経緯です。

これから本編に入っていきますが、ここからは、少しくだけた感じでお話しをすすめさせていただきます。

気軽なトークライブにでもいらした感覚でお読みいただけたらと思います。

それでは、どうぞ最後までおつきあいください。

第二章 これがリアルなノンデュアリティだ

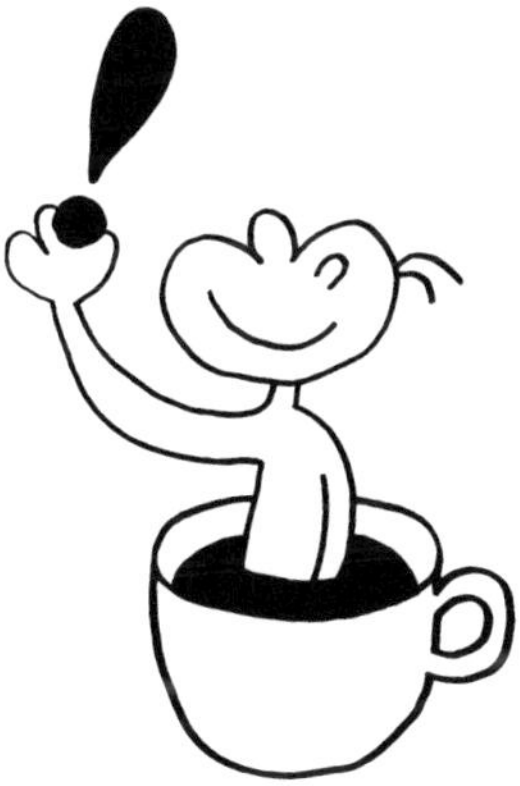

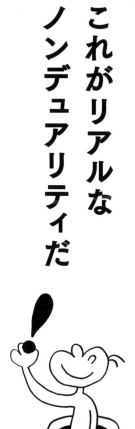

ノンデュアリティはむずかしい？

みなさん、ノンデュアリティをとてもむずかしいとおっしゃいます。なぜ、むずかしいのか？

答え。

むずかしく考えるからです。

だって、ノンデュアリティを理解しようって言って、いきなり「二つではない」とか「すべては全体の現れである」なんていうことを「頭」で理解しようとするんですもん。無理に決まってますよね。このような感覚は「理解」で得るものではありません。実体験から、「ああ、ほんとにそうなってるんだなあ」って感じるものなんです。

私はこんなふうに考えています。

ノンデュアリティを学びはじめた人は、「泳げない人」と同じです。それが、いきなり、水泳の上級者が水面をすいーっとすべるようにすすむクロールをイメージしようって

いったって、そりゃ無理な話ですよね。「泳げない人」は、ビート板を使った『バタ足』

からはじめるんですよ。おもいっきりバシャバシャやるんですよ。

じゃあ、『バタ足』って、実際にはどんなことだろうっていうことをブログやセッションなどでいろいろお話しししているわけです。

たとえば、「『ノンデュアリティが理解できない」っていう人に私はよく言います。

「座ったら、お尻が椅子の感覚を感じるでしょ？」と。

感じませんなんていう人はいません。自分から感じようとなんてしなくても、自然に感じちゃうんです。お尻の反応が自動で起きているんです。座ったら座ったそのまんまの感覚をちゃんと感じるんです。硬い座面の椅子に座ったのに、柔らかい感覚が起きるなんていうことはないんです。そのように完璧に起きるんです。

コーヒーを飲んだら、コーヒーの味がちゃんとするんです。コーヒーの味を感じようなんて思わなくても、ちゃんとそのように反応が起きるんです。コーヒーじゃなくて、紅茶の味がしちゃったりしないんです。完璧に起きているんです。

胃が痛いときは、胃が痛いんです。胃が痛いはずなのに足が痛くなったりしないんです。完璧なんです。

上を向いたら、天井か空が見えるんですよ。上を向いたのに、横が見えちゃったなんていうことは起きないんです。完璧なんです。

これが「事実」なんです。この「事実」に触れていくことで、やがて「ああ、ほんとに二つじゃないんだなあ」っていうことが自然にわかってくるんです。

それまでは「二つではない」なんていうことは、放っておけばいいんです。どうせ考えたってわからないんですから。

仮にわかったとしても、何の役にも立ちません。頭で理解したって、どうにもなりませんから。

「私たちは意識の存在であって云々」「ただ〝存在〟だけがある」このような言葉の意味なんて今はわからなくていい。いや、わかろうとしちゃだめ。どんどん迷いの中に入っていくだけです。

「物質はもとをたどれば、ただの振動である」なんていうことも同じ。これを知ったからっていって、何かが変わりますか？　変わりませんよ。
そんなことより、手のひらを広げて眺めて、手のひらと手の甲を同時に見ることはできないっていうことを知るほうが一〇〇万倍大事なんです。

「事実」は、その瞬間には一つしかないんだっていうこと、二ついっしょに並ぶことはないんだっていうこと、こんなことを一つひとつ実感していく、それが『バタ足ノンデュアリティ』なんです。

これがむずかしいですか？　何もむずかしくないでしょ？

それと、もう一つ。
ノンデュアリティでは、よく「人間は、熟睡状態のときに、体のない至福を経験している」というような表現がされますね。「そこには、すべてを知る者が存在していて、それは起きているときにも変わらずに存在していて――」なんていうことが説かれているもんだから、みなさん、大興奮するわけです。

「おおーっ、そうなのか！　では私もぜひそれを！」なんていってそれを探しはじめるわけです。

その思想に対してどうだこうだ言っているのではありません。きっとそうなのでしょう。反論なんてしませんよ。その真偽がどうのこうのじゃなくて私が言いたいのは、みなさんの反応のほうにちょっと問題があるんじゃないんですか？　っていうことなんです。

言われていることが体感的にわかるならともかく、そうでないなら、これを「理解」しようとしたり、探したりするのはたいへん問題があります。迷いのアリ地獄へようこそ、です。

私がするお話では、そういったことにはいっさい関わりません。基本、今、わかること、今、実際に感じられることだけに学んで、いや、〝遊んで〟いくんです。

熟睡は至福のときです。それに異論なんてあるわけがありません。でも、それを目が覚めているときにわざわざ求めなくたっていいじゃないですか。熟睡状態の至福は、熟睡状態のときに味わえばいいんですよ。実際には、熟睡中に味わえるんじゃなくて、目が覚めたときに「ああー、よく寝たー」なんですけどね。

ハワイに来たら、ハワイにいるように楽しむんです。温泉に来たら、温泉に来たように楽しむんですよ。ハワイにいるときに、温泉を楽しもうとする必要なんてないでしょ。目が覚めているときは、目が覚めているように楽しむんです。

ぜんぶ自動なんです

すべてが自動で起きています。人が何かをやったら、何かが起きるというのは、たしかにあります。あなたが誰かに笑顔を向けたら、笑顔が返ってくる可能性は高くなるでしょう。

でも、よぉーく見てほしいんです。誰かに笑顔を向けようっていう最初の思いはどこから来たのでしょうか？

じつは、これ自体が自動で起きているんです。私たちが自分の意思でやっているんじゃないんです。ここが、多くの人が反発する部分でもあると思います。けれども、これが「事実」なんです。

何かのきっかけがあって、あなたは笑顔を向けようと思いました。ポッと湧きあがったんです。あなたの意思ではないんです。それは絶対にできません。この瞬間の完璧な現れなんです。あなたが生まれてから経験してきたすべての条件が寸分たがわずに完璧にそろって、それが起きたんです。気の遠くなるような複雑な要因がからみあって、それが起きたんです。

生まれた時間が一〇秒違っていただけで、「誰かに笑顔を向ける」は起きないんです。今までの条件が髪一本でも違ったら違うことが起きるんです。すべてが完璧な現れとして途切れることなくつづいていくんです。

これまた「頭」で理解をしようとしても無理なんです。ただ「ああ、ほんとだ、そうなってるわ」って感じるしかない。それはいつ訪れるかわかりません。それもぜーんぶ自動で起きています。

電車から見える外の景色は、見ようとして目に入るのではありません。それより先に見えちゃっているんです。自動なんです。嫌なことを言われれば、カッとします。自動なんです。仕事でミスをしたら、まっ青になります。自動なんです。

思考もぜんぶ、それが起きるべくして起きます。あなたの意思はいっさい関係ありません。すべて自動なんです。私たちは、ここにいっさい介在できないんです。

全自動――。

しかも、それが信じられないほど完璧な形で起きているんです。けれど、この「完璧」という部分に多くの人が反発をします。

「ふざけたことを言わないでください。こんな人生が完璧だなんて！」と。

違うんです。これしかあり得ない完璧さで起きているんです。

すべてが完璧であるということ

さきほど出てきた「嫌なことを言われればカッとする」というのも完璧な現れです。嫌なことを言われたのにうれしくてたまらなかったらおかしいんです。ただし、目覚めが起きると、嫌なことを言われたのに、笑えてしまうなんてこともあります。でも、ふつうはそうではありません。

上を見たら、上の景色が見えるんです。下を見たら下の景色が見えるんです。さっき見えていた上の景色はきれいさっぱり消えて、下の景色だけが見えるんです。上の景色を「消そう」なんて思わなくても、自動でそうなるんです。

だから、見る場所、見る場所がいつも完璧に見えるんです。もしちゃんと消えてくれなかったら、いろいろな景色がごちゃごちゃにまざっちゃってちゃんと見えないいんです。でもそういうことは起きないんです。完璧に見えるんです。

そして、見えたものがちゃんと見えたその通りに見える。一万円札がちゃんと一万円札に見えるんです。一万円札が、見る人によって、千円札だったり、商店街の福引券に見えちゃったらたいへんなんですよ。大混乱が起きるでしょう。

でもそんなことは起きない。一万円札はちゃんと一万円札に見えるんですよ。だからちゃんと買い物ができるし、お釣りもちゃんともらえるんです。

あなたがいろいろな事情で今、お金があんまりないとします。それなのに、「ぜんぜんある」なんて思っていたら、おかしいんですよ。ないときには、ないような気持ちが湧くんです。支払いができなかったら督促状が届くんです。払うべきものを払ってなくて感謝状が届いたらおかしいんです。完璧に起きているんです。

悲しいときには涙が出るんです。悲しいんです。うれしいときにも涙が出るんです。うれしいんだけど涙が出るんです。うれしいときに怒りがこみ上げたりしないんです。

さらに、こんな例はどうでしょう。

「今、自分が経済的に大変なのは、五年前にあんな決断をしてしまったからだ」などとみなさんは考えます。後悔します。

違います。

「あんな決断」をあなたはしていません。ただ起きました。どうやったってあの決断しかできなかったんです。それが起きるように、すべてがそうなるように起きてきたんです。それを変えることなんて絶対にできないんです。

あなたが自分の意思でやったと思っていることすべて、あなたはやっていません。そのように起きるべくして起きただけです。

たしかにあのとき、いくつかの選択肢があったでしょう。やめるという選択肢も。でも、あなたは最終的にそれを選択しました。それは、そうなるようになっていました。その決断をする条件が完璧にそろっていたんですから。それ以外を選べない完璧な条件がそろっていたんです。

ほかの人だったら違う決断をしていた？

あり得ません。ほかの人が、あのときのあなたとまったく同じ状況になることはありませんから。同じ状況というのは、あの瞬間だけではありません。あなたが生まれてからずっと過ごしてきたすべてが完璧にそろわないと「同じ状況」ではないんです。幼稚園に行くときに、目の前を蝶々がひらひらと舞ったか、舞わなかったか、これだけであのときの状況にはならないんです。そのくらい完璧にそれが起こり、そのようになってきているんです。

すごいことなんです。これを「完璧」と言わずして何て言えばいいのでしょう。どこを見ても、どこを切り取っても「完璧」なんです。それが瞬間、瞬間起きているんです。もう奇跡としかいいようがありません。

あなた以外の誰かとか、あの木とか

あなたが誰かと言い合いをしたとします。あなたはその人を「自分じゃない別の人」として見ますね。「対象」として見ていますね。

これが、こちらとあちらがある「二元」ということ。

でも、「事実」は、そうじゃないんです。「あなたに対して怒っている人」が、あなたの中に映り込んでいるだけなんです。ぜんぶあなたの五感と思考が捉えた感覚なんです。目の前に人がいるって、そう思うのは小さいころからそのように疑わずに育ってきたから。「事実」はあなたの中に〝在る〟んです。

こんな例はいかがでしょう？

少し離れた公園の丘に大きな木が見えます。あなたは、「ああ、あそこに大きな木があるなあ」と考えます。そうではありません。〝あそこ〟にあるんじゃないんです。「離れた場所にあるらしい大きいと思われる木」が、あなたの中に映り込んでいるんです。「事実」は、「離れた」も「離れてない」もない、「大きい」も「小さい」もない一本の木があなたの中に〝在る〟んです。

空に浮かぶ雲も同じです。はるか上空にあるんじゃないんです。

車も、遠くに見えるビルも、お散歩中のワンちゃんも。

音だって同じです。あちこちで鳴っているさまざまな音も、ぜーんぶあなたの耳によって捉えられて、あなたの中で鳴っているんです。ぜーんぶあなたの中で起きている出来事なんです。あなたの五感が感じ取った〝感覚〟なんです。

ですから、あなたがこの場でいきなり眠ってしまえば、その瞬間にすべては消えます。あなたがさっきとは別の木を見れば、あなたの世界はその瞬間に変わります。ほかの音を聞けば、あなたの世界はその瞬間に変わります。

「対象」というものは存在してないんです。ぜんぶあなたの中のことなんです。


最初に話を戻しましょう。

自分に怒りを向ける人が、そこに存在するんじゃないんです。ぜんぶあなたの中に映った映像であり、浮かびあがった感覚です。

「対象」に目を向けるから、迷いの中に入っていっちゃうんです。

「あんなこと言いやがって！」

「おまえに言われたくねえよ！」

なんて。

そうじゃないんですよ。目を向ける場所が違うんです。自分の感覚だけを見るんです。だって、あなたの世界はそれだけでできているんですから。それがすべてなんですから。ほかに目を向ける場所なんて、じつはどこにもないはずなんです。

「対象」はどこにもないんです。「向こう」は、ないんです。ぜーんぶあなたの中。こっちだけ、こっちだけ。どこまで行っても、こっちだけなんです。

そして、こっちだけ、こっちだけってやっていくうちに、ある日、はっと気がつくんです。「あれれ、もしかして、こっちもない？」って。笑いしか出てきませんよ。

この瞬間しかない

そして、これらのことがいつ起きているかというと、「この瞬間だけ」なんです。それ以前はどこにもないし、未来もどこにもありません。「この瞬間だけ」しかありません。

嫌な気持ちが湧きあがった。この瞬間に湧きあがったんですね。つぎの瞬間にはもうないはずなんです。頭の中だけに残ってるんです。

外で、バイクのエンジン音が聞こえたとします。もうその音はどこにもないはずです。私たちの体はそのようになっています。何も持ち越さずにいつも活動しています。

もちろん、ものによっては多少はありますよ。たとえば、おいしいものを食べたら、余韻というものがあるでしょう。でも、それを持ちつづけることはないんです。つぎのものを食べたら、その味がちゃんとするんです。あしたも口の中にその味が残ってたらたいへんなんですよ。困るんですよ。料理人なんて仕事にならない。

でも絶対にそんなことはありません。一瞬一瞬で、ちゃんとかたがついているんです。

別の例をあげましょう。

ある休みの日、カフェでお友だちと待ち合わせ。ところが、約束の時間を三〇分過ぎても現れず、電話もラインもない。「何してるのかしら！　いつまで待たせる気なの！　もう三〇分よ！」

お気持ちはわかります。でも、あなたは三〇分も待ってなんかいませんよ。今この瞬間、そこに座っているだけです。「三〇分も〝ずっと〟」っていうのは座っている「記憶」が残っているだけの話。

「事実」は、今その瞬間そこに座っているだけなんです。それ以外、何もないんです。

もう一つ例をあげましょう。

一週間、かぜが治らない。

おわかりですね。「事実」は、今この瞬間、かぜを引いているだけです。「一週間」は、記憶をつなげて、あとから思考上でつくられたものにすぎません。私たちは、どうやったって「この瞬間」しか経験できないんです。

時間のあるなし

今のお話で、「時間はない」ということを思い違いされるといけませんので、お話ししておきますね。

時間そのものは、ちゃんとあります。私たちは、実際に体を持って生まれてきて、人生を歩み、毎日ごはんを食べ、働き、運動をしたり、学んだり、趣味を楽しんだり、家族と時間を過ごしたりして生きている存在でもあります。その中で、体は、年をとり、病気になったり、死を迎えます。子どもたちも成長していきます。それが幻想であるなんていうことはありません。そこにくっついてくる「思考」が幻想なんです。

その幻想を取りのぞいた「事実」だけを見ていったときに、「時間のあるなし」は、問題じゃなくなるんです。

私たちの世界は、自分の感覚によってのみ認識されます。すべては、どのように自分の中に映し出されているか、というだけのこと。たとえば、何かを見てその映像が自分の中に映し出されるのは、「今この瞬間」なんです。この瞬間が現れては消え、現れては消えていきます。どこまで行っても、この瞬間にしかいられない。この瞬間にしか触れられないんです。

このように見ていったときに、「時間はない」んです。ですから、実際に時間がないわけじゃありませんよ。

さきほどの三〇分待っても友人が来ない例でいえば、三〇分という時間の経過はたしかにあるんです。けれども、あなたが直に体験できるのは、途切れることなく現れる「今この瞬間」だけなんです。どうやってもそれしか体験できない。

今、あなたがこの本を読んでいる間、あなたはまちがいなく「この瞬間」だけにいました。けれども、時計はちゃんとすすんでいたでしょ？

たとえば、二十年前の記録がフォトアルバムやビデオに残っているでしょ？

たとえば、以前、子どもたちを連れてでかけた川遊びの写真が残っているでしょ？　そこで過ごしたそれらの時間はまちがいなくあったんです。けれども、私たちが実際に体感できるのは、つねに「今この瞬間」だけなんです。そこに時間は存在しないんです。そういうことです。

世界はあなたの中にある

人は、自分が世界の中にポツンと存在していると勘違いをしています。「事実」は、私たちの中に、丸ごと世界が存在しています。

朝、いつもの時間に目覚ましが鳴りました。耳が音を聞きます。目覚ましが目に入ります。この瞬間、あなたの中に目覚まし時計が映像として映ります。手を伸ばし、目覚ましのベルを止めます。手の感触を感じます。音があなたの中から消えました。カーテンの隙間から朝の陽ざしが差し込んでいるようすがあなたの中に映ります。部屋のようすがぼんやりあなたの中に映り込んでいます。

この一連の流れは、どこで起きているかというと、ぜんぶあなたの中で起きていますね。あなたの中に映り込んだ映像、あなたの中に聞こえた音、あなたの中で感じた感触です。「対象」はないんです。ぜんぶあなたの中の出来事。あなたの活動によって現れた現象なんです。

朝ごはんを食べます。食べているという感覚は、あなたの中にしかありません。味もあなたの外にはありません。あなたの中です。

今、お皿の上に見えている目玉焼きも、あなたと離れたそこにあるのではありません。あなたの中に映像として存在しています。

外に出ても何も変わることはありません。マンションの階段もあなたの目がそのように捉えて、あなたの中に映り込んだ映像です。足の裏で感じる地面の感覚もあなたの中にあります。朝よく見かけるおじいさんも、あなたの中に映像として映り込んでいます。声をかけられたなら、その声もあなたの中にあります。空を見上げると、怪しい雲が広がりはじめていました。この雲も、あなたのはるか上空にあるのではありません。あなたの中にあるんです。

ぜんぶあなたの中にあるんです。家族も、友人も、親も、仕事の上司も部下も。もうすぐ十歳になる柴犬のコジローも、ぜーんぶあなたの中に存在しているんです。

すべてがあなたの感覚によって存在できているんです。あなたの感覚が消えると同時にすべてが消えるんです。

これ、とても大事なポイントなので、もう少しお話ししておきましょう。

私が講演会場のステージ上にいて、みなさんは会場の席に座っているとします。ここで私が一本のボールペンを掲げてみなさんに見せながら言います。

「このボールペンはどこにありますか？」

みなさんは、「金森さんが持ってます」と言うでしょう。

はい、まちがい。

ボールペンは、あなたのところに「ある」んです。あなたが自分の目で見て、その映像があなたの中に映し出されているんですよ。ボールペンはあなたの中にある。

つぎに、私が指をパチンと鳴らします。そして言います。

「このパチンはどこにありますか？」

みなさんは、「そこに」と言いますね。

はい、これもまちがい。

「パチン」は、あなたのところに「ある」んです。あなたの耳が音を捉えて、それがあなたの中で鳴ったんです。


どれだけ遠くのものを見ようと、どれだけ遠くの音を聞こうと、その認識は、あなたの目が捉えた感覚であり、あなたの耳が捉えた感覚なんです。ぜーんぶあなたの中なんです。


あなたはあなたの中の映像を見、あなたの中の音を聞いているんです。ここに距離は存在しません。すべてあなたの中で起きたことなんです。

では、こんなのはどうでしょう。

海外のお友だちから久々の電話。あなたは急いで電話を取ります。スマホから聞こえてくる懐かしい声は、どこでしているんでしょう？

スマホ？

ブブーッ！

あなたの中です。

わかりますか？　すべてあなたの活動なんです。たとえ、どれだけ大きな音が鳴っていようと、あなたがその音を自覚していなかったら、その音は存在しないんです。

これが、「世界は自分の中にある」なんです。

ものがあるとかないとか

自分の活動がすべてであるというときに、必ず出てくる疑問に、「物体があるとかないとか」ということがあります。

それが世界のすべてだとするなら、今、見えていないものは存在しないのか、という質問です。

答え。

はい、そうです。存在しません。

今、あなたが会社にいるのなら、家はありません。ご家族のことを思い出していなければ、そのときにはご家族も存在しないんです。ガレージにある車も存在しない。すべてはあなたの中に湧きあがったときのみ存在するんです。

見えた、聞こえた、におった、味わえた、触れた、思った、そのときにのみ存在するんです。

それなのに、人はわざわざ「記憶」なんていうものを使って、それがあるように錯覚するんです。

こんな例はいかがでしょう？

夕飯のときに、ワインを飲んでいたのですが、三杯目を注ごうと思ったら、奥様がさっと手を伸ばし「今日はおしまい！」とボトルを冷蔵庫に入れてしまいました。このとき、ワインボトルはありますか？

あなたはこう言うでしょう。「ありますよ、冷蔵庫に」と。

でも残念ながら、「ない」んです。ワインボトルはありません。だって、実際、今はないでしょ？

あったのは、さっきです。それは記憶です。「事実」は、ワインボトルは「ない」んです。

こう言えばもっとわかりやすいでしょうか。

さっき、あなたはここにいませんでした。そして、今はじめてダイニングに来てテーブルに座ったとしましょう。ワインボトルはありますか？　ないでしょ？　この瞬間には、たしかに「ない」んです。さっきあった「記憶」がないと、ワインボトルは存在しないんです。

どれだけのものがあろうと、どれだけの人がいようと、どれだけの音があろうと、あなたが感じなければ、存在しないんです。

では、あなたにお聞きします。

「今、着ている服のほかにお洋服を持っていますか？」

するとあなたは、

「もちろん、ありますよ」

と笑って答えるでしょう。

私はお聞きします。

「どこに？」

するとあなたは、「家にです」と答えるでしょう。

私は言います。

「ふむ。でも、ここにはありませんよね」

今あなたが着ている服のほかに、ここに服は一着もありません。それがすべてなんです。今、着ている服以外に存在しないんです。あるのは、あなたの記憶の中なんです。

これが「事実」です。これほどはっきりしていて単純なことはありません。

「いやいや、だって実際、家にありますよ。子どもに写真を送らせましょうか？」

その画像を見たときに、それは現れます。ただし〝画像〟としてです。

では、もし、実物が宅配便で送られてきたら？
そうです、そのときにはじめて、服はここに現れます。

服があるというのは、今は、あなたの記憶の中だけのお話なんですよ。

服は一例です。
先ほども触れましたけど、家も、会社も、ご家族も、ぜーんぶありません。今、ここになければ、それは存在しない。「ある」と、記憶がそう言ってるだけなんです。

「全体」とか、「これ」とか、「言い表せないもの」とか

心の探求みたいなことをはじめると、必ず出てくるのが、「全体」とか、「これ」とか、「言い表せないもの」とかなんですけど、これをどこかに探しにいこうとしちゃうんです。本当はすぐそこにあるんですから、それに触れるだけでいいのに、それが

わからないんです。すごくむずかしく考えちゃっているために、見えなくなっちゃっているんです。

私たちは、この「全体」に触れていないときなんてないんです。生まれてから一度も離れたことがない。離れようとしても離れることなんかできるわけがないんです。「全体」は、「事実」をつうじて瞬間的に私たちに接触してきます。私たちは、それに対して一〇〇パーセント受け身なんです。拒むことなどできるわけがない。

通勤電車。あなたは、つり革につかまっています。混んでて嫌だなあとか、打ち合わせのこと、取引先のこと、やらなくちゃいけないことでモヤモヤしています。これ、ぜんぶ「考え」ですね。

では、「事実」は?

つり革につかまって立っている、それだけが「事実」です。スマホでニュースを読んでいるなら、その字が目に飛び込んできているそれだけが「事実」。外の景色をぼんやり眺めているのなら、その景色が目に飛び込んできていることだけが「事実」です。このような「事実」から離れていたことなんてあるわけがないですよね。

そして、この「事実」の中には、好きだとか嫌だとか、いいだとか悪いだとか、困っただとかはいっさいないんです。ただ、それが起きているだけです。

これは、何かを見たり、聞いたり、触れたりしたときに、「考え」が走り出す前の状態をさしています。それが唯一の「事実」です。このものと「全体」はぴったり重なりますから、「事実」に触れていることが「全体」と一体であるっていうことなんです。

私たちは生まれてから一瞬も「事実＝全体」と離れたことなんてないのに、「全体」を一生懸命に探求しているわけです。おかしな話ですよね。

そして、こんなふうに言うんです。

「究極の真理である〝全体〟は、もっと深淵なものである、あんたが言うようなそんな軽々しいものなどではない！」

そういう決めつけが、すぐそこにある「全体」を覆い隠しているんです。

たとえば、「自己」という存在が真理への道を妨げているから、「自己」を消滅させようといろいろな学びをはじめたりするわけです。知識によって解決しようとしたりするわけです。答えは、今、つり革につかまっているということの中にあるのに、むずかしいことを頭でこねくりまわすんです。

たとえば、こんな感じで。

あるグループセッションのようすです。

質問者、「自我っていうのがですね、自分の記憶とか思考とか、いろんな実体のない経験とか体験でできていて、それこそが自分だと思ってるものがたしかにそこに存在していて、それを通していろんなものを判断しながら、私たちってこの世界を見てるのかなっていう感覚がどこからともなく湧きあがっていて、でも、よくよく観察してみると、本来そういうものはないんだっていう感覚なんですけども、でも、やっぱり自分っていう〝視点〟は存在していて、それを『行為者はいない』っていう感覚と重ね合わせときに、それはどのように解釈したらいいのでしょうか？　それが一つめの質問で、つぎにお聞きしたいのが――」なんて。

あらあら、困ったものです。自我なんてものは最初からありません。行為者もいません。それだけです。解釈をしてどうするんでしょう？　頭の中でどれだけこねくりまわしているんでしょう。そういうものじゃないんです。ただ感じるものなんです。

理解や解釈は、「考え」の世界のお話です。「事実」の前では、まったく用のないものなんです。

「事実」はこんなことを考えなくたって、いつも私たちにさんさんと降り注いでいるんです。

なぜ、自分を知りたいのか

そもそも、「これが自分である」といったことを知りたいと思い立つのは、たいていの人の入り口は、それによって苦しみから解放されるんじゃなかろうかとか、幸せへのヒントがあるんじゃなかろうかといったことでしょう。また、つねにまわりから攻撃を受ける自分を敵から守りたくて、自分でつくっていくわけです。育ちとか、どんな学校を出たとか、こんな会社に勤めているとか、どんな夢を持っているとか、どんな責任を背負っているとか、そういうものがないと、自分が生きている意味みたいなものを感じられなくて不安になっちゃうんです。

でも、この「これが自分である」は、ただの記憶の寄せ集めにすぎません。それを心の拠りどころにして安心しようとしているだけなんです。

そもそも、この「これが自分である」は、誰にくっつくっていうんでしょう?

くっつく「誰」が、じつはどこにもないんですよ。「自分」なんていうものはないんです。それなのに、「自分」を「考え」の上で、わざわざつくりあげて、そこにいろんなものを背負いこんで生きてるつもりになっているわけですから、それはしんどいわけです。

ですから、いつも緊張しているんです。いつも苦しんでいるんです。もともと「自分」なんていうものはどこにもなくて、体は「全体」といつも一体となってただそのように活動しているのに、そのことに満足ができないんですね。起きていることがこんなに完璧なのに。これ以上変えようがないほど満ち足りているのに。

そこを見ないで、自分が何者であるかを「理解」さえすれば、私は幸せになれるに違いなんて言っていろいろはじめるわけです。

いくら誰かに、「何も考えないで、ただこの瞬間を感じて。これだけが真実なんだよ」って言われても、「そんなことで幸せになれるはずなんかないじゃない！」なんて言って反発するんです。「これがわからなくちゃ前にすすめないの！」なんて言いながら。

最初っから、どこにもすすめやしないのに。この瞬間以外の場所なんてどこにもないんですから。

「理解」の先には、「より深い理解」しかありません。まあ、でも「理解したーい！」「自分を知りたーい！」も、結局は、「全体」の完璧な現れですから、それもただそのように起きただけのことなんですけどね。

二元の世界を映画を観るかのように受け止める

二元の世界は、それが起きた一瞬間の「事実」をのぞいて、あとの残りカスがぜんぶ思考の産物であって、映画を観ているようなものなんですというお話をすると、「なるほど、そのように受け止めればいいんですね」というようなお返事が返ってきます。

それはちょっと違うんです。「映画を観るかのように」というのは、自然にそうなることであって、そのように〝働きかける〟ことではありません。それは「考え方」なんです。「考え方」で向き合うんじゃないんです。

かまわずに放っておくことが大事なことなんです。そして、目を向けるのは「事実」だけ。

「事実」はどうなっているのかというと、受け止めようとなんてしなくても、自然に受け止めちゃうんです。考えるより前に、受け止めちゃってるんですよ。

たとえば、今、玄関のインターフォンが鳴ったとします。どうですか？　鳴った瞬間に聞こえちゃっていますでしょ？　耳がそのまんまの音をそのまんまに捉えていますよね。そのように「聞こうとする」必要なんてないでしょ？

インターフォンが鳴りました。もう鳴る前の状態に戻れません。変えようのない「事実」がそのまんまに起きているんです。

そして、その瞬間に私たちは、その音と一つになっちゃうんです。みなさんが大好きな「自分」なんてどこにもなくて、完全に音そのものになっちゃうんです。そのとき、あなたの中には音以外の何も存在しません。

ちなみに、ここで言う〝あなた〟は、「自我」とか「自己」などという得体のしれない代物じゃなくて、小学生低学年の子が何も考えず、ごくふつうに思う「自分」と思ってください。ややこしいことは極力、考えない、考えない。

さて、この音と一つになったこの瞬間だけが「事実」なんです。このあとに起きる思考の世界のことは、ぜんぶ「映画」の中のこと。この絶対に変えようのない「事実」に触れたときに、「ああ、自分は本当になーんにもしないで、ただそのように生きてるんだなあ」って思えるわけです。

本当になーんにもしていない。すべてが自然に起きています。

思考も何もかもが自然に起きている。それがすっと腹に落ちたときに、はじめて「なんだ映画を観ていただけじゃないか」っていう感覚が自然に湧き起こってくるんです。そして、その感覚も含めてすべてが「ああ、ほんとに完璧なんだ……」って心から思えたときに、今この瞬間以外のどこかに行こうっていう発想が消えるんです。

出来事を「考え方」で消そうとしたり、いいように解釈しようっていうことではないんですよ。そんなことはしなくていいんです。なんにもしなくても、そこに「考え」を持ち込みさえしなければ、そのようになっているんだっていうことが自然とわかるようになっていますから。

私たちは徹底的に受け身なんです。それが最高に心地いいんです。なぜなら、それがもう奇跡のように完璧だからです。

それは「もう、ない」はずなんです

誰かに嫌なことを言われたら、誰でも腹が立ちますよね。その瞬間に嫌な感情が湧きあがります。こうして私たちはそこからあとしばらく、もしかしたら何日も嫌な気分を引きずります。

でも、「事実」をよく見ていただきたいんです。言われた言葉は、もうないはずなんです。記憶の中だけに残っているんです。

「いいえ、メールで言われたから残ってます」って。

ふむ、たしかに。でも、あなたはそのメールからひとときも目を離さずにずっと眺めているのでしょうか？　まさか違いますよね。あなたの記憶の中にあるのでしょ？　今は「ない」のに。

紙芝居はもうつぎの絵に移ってるんですよ。五枚前の絵を引きずっているのは、記憶なんです。もう今は見えていない絵を思い出して、悲しいだとか、悔しいだとか言っているんです。物語はもうどんどん先にすすんでいるんです。つぎつぎに新しい出来事が起きているんです。

「でも断ち切れないんです」とみなさんは言います。でも「断ち切る」っていう考えは、つながっているって捉えているから出てくる発想ですよね。

つながってないんですよ。出来事っていうのは、その瞬間その瞬間に浮かびあがっているんです。そして、忘れがちなのが、思考や感情もその瞬間その瞬間に浮かびあがっているっていうことなんです。悲しい感情がその瞬間に現れても、つぎの瞬間にはじつは消えているんです。「断ち切れない」も何もありません。最初から断ち切れているんです。つながってなんかいないんです。最初からこま切れなんです。

さっき、嫌な気分はたしかにありました。それはたしかに、そのように起きました。でも、つぎの瞬間には消えているはずなんです。

「思い」っていうのは少々ややこしいところがあるので、「音」を例に取ってお話をしましょう。

家の外で、車のクラクションの音が聞こえたとします。あなたはその音をたしかに聞きました。でも、その場で消えているはずです。だから、すぐにまた違う音が聞こえてきたら、新しい音がそのとおりに聞こえるんです。

そのすぐあとに子どもの笑い声が聞こえたとしましょう。もし、一瞬一瞬が断ち切れていなかったら、クラクションの音と、子どもの笑い声が重なって聞こえちゃうんですよ。そんなことは絶対に起きない。前の音はちゃんと消えるんです。それは瞬間、瞬間で切れているからなんです。

そして、私たちはこの一瞬のことしか感じられないようになっているんです。一瞬前のクラクションの音をもう一度聞くことは絶対にできないんです。

もう、そこにはないんです。

さっきたしかに嫌なことを言われた。嫌な感情が湧きあがった。たしかに湧きあがった。でも、それはもうないんです。

「もう、ない」っていうことが完璧に起きているのに、人は「いや、ある！」って言い張るんです。

それは、自分に起きているっていう「考え」がそうさせるんです。人というのはみんな、自分に起きることは、特別でとても重要なんです。

でも、私たちの体というのは、本来、思いとか感覚を持ちつづけることができないようになってるんですよ。いつもその瞬間その瞬間なんです。

記憶が勝手にその瞬間その瞬間をつなげて、ずっとつながってるみたいに見せているだけなんです。完全に切れているのにね。

考え方で人生を変えていける？

考え方で人生を変えていけるのか、というご質問をいただくことがあります。たとえば、前向きに物事を考えていればいいことが起きるといったようなことです。

結論を言いますと、変えられません。

どういうことかと言いますと、それは、前向きであろうと後ろ向きであろうと、そもそも私たちはそれを「いっさい選ぶことができない」ということなんです。それも完璧に起きていることの一つなんです。

人間が「選ぶことのできない」思考がそこに現れ、「選ぶことのできない」行為が発生し、それに応じた「選ぶことのできない」結果が自然に現れるんです。そこに私たちはいっさい介在することができません。

このお話はいわゆる「原因と結果」のお話です。「原因と結果」を前提に考えると、当然ながら、その行為や選択に重要性が出てきます。それはそうですよね、自分が選んだ「行為」によって「結果」が変わってくるんですから。

その考え方が、人生を深刻なものに仕立てあげてしまうんです。人はそれを自分に起きていることだと勘違いします。そのために、後悔の念にさいなまれたり、将来への不安に苦しんだりするんです。

違うんです。私たちは何一つ選べないんです。ただそのように起きるだけなんです。思考も、行為も、結果も、すべてです。私たちには手を加えることのできない〝起きるべきこと〟が淡々と起きていくんです。

「そんなバカなことがあるか！」とか、「なんにもおもしろくないじゃないか！」なんて、むきになって怒る方がいらっしゃいます。

とんでもありません、そうじゃないんですよ。

ここにこそ、「夢だ、幻だ」と言われる人生でありながら、それをわかった上で、真に楽しむ秘訣が隠されているんです。

原因と結果についてもう少し

「原因と結果」について、もう少しお話ししておきましょう。

よくノンデュアリティでは、「原因と結果はない」というようなことを言いますよね。

いいえ、ありますよ。

すべてがそのように起きているのは、何らかの原因によってそれが現れるんです。それしかあり得ない形で現れるんです。あらゆる現象が完璧な条件の下で完璧に現れます。

けれども、私たちにはそのあまりにも複雑にからみあった原因を理解できないために、現象が唐突に見えるんです。どうしてこんなことが起きるんだろうということが起きる。でも実際にはすべてが完璧にそろって起きることなんです。一〇〇パーセント当然の結果として現れているんです。

それが「事実」です。このようにして現れる完璧な「事実」を人間が変えられるはずがありません。どうあがいたって人間の手はおよばないんです。そういう意味では、「原因と結果」はないと言えます。人間の都合で動くような「原因と結果」はないということです。

すべては決まっている。私たちは、じたばたする必要なんて何もないんです。ただそこにいればいいんです。オール自動で運ばれていくんです。

それしかない方向に行くんです。

それしかない考えや行動が湧きあがるんです。

それしかない結果が出るんです。

そのように運ばれていくんです。

そして、これが重要なこと。

ここに、「あなた」はいません。もっと言うと誰もいないんです。無人のままにそのようにすべてが起きていくんです。

「原因と結果」はあります。でも、人間の手がおよぶようなものではないということです。

お店をやっていると、こんな状況に出くわします。人気の商品が品切れになってしまったとき。急いで追加作業をするんですけど、ショーケースに並ぶまでには時間がかかります。そんなときに来たお客様の反応なんです。

外から店の中を見ただけで帰ってしまわれる人、店の中に入ってきてまだつくるのかを聞く人、予約をしていく人、ほかの商品を買って帰られる人……。わかれます。さらに、「外から店の中を見ただけで帰ってしまわれる人」の中でも、すぐにどこかに電話をかける、ほかの店に行く、怒る、笑ってしまうそのほか限りなく枝わかれしていきます。これらが本人には選べないんです。すべてが起きるように起きるんです。

「店の中に入ってきてまだつくるのかを聞く人」の中でも、五分待てばできあがるタイミングだったり、まだあと三〇分以上かかってしまうタイミングだったり、ご本人がその五分も待てない状況だったりとさまざまです。それを誰一人として自分で選択ができないんです。すべての条件が完璧に重なってそのような選択や出来事が起きていくんです。

お目当ての商品をゲットできるかどうか、たしかにそのときの行動で変わります。けれど、そのときの行動そのものが選べないんです。選んでいるように見えて、そのようにしか選べないようになっているんです。

「原因と結果」はありますよ。でも、その「原因」も選べない、「結果」も選べない、そういうことなんです。

「自分はいない」のお話

いつもの朝。ピピピピピ、ピピピピピ、ピピピピピ、と目覚ましが鳴ります。

いつものように手を伸ばし、目覚ましを止める。「ふあーあ、今日も仕事かあ……」

ベッドから出て、洗面台に向かう。鏡を見て、昨晩飲みすぎたことを少し反省しながら、歯ブラシと歯磨き粉に手を伸ばす。

さて、こんな一連の毎朝の日課の中で、「自分がたしかにいる」と思って行動をしているでしょうか？

していませんよね。

「自分」という存在がいつもあって、そいつが気づきをじゃましたり、人間関係に問題を起こしたりというように思わされてきたのではないでしょうか。あらゆる思考の中でも、一番大きな思考のかたまりが「自分」であるとか、朝起きて間髪を入れずに立ち上がるとか。

私がずっと言いつづけていることの一つ。

「自分なんて、どこにもいませんよ」です。

いないんです。いないんですから、気づきのじゃまなんかもしていないんです。私たちは、じつは、いつも自分がいない状態で活動しているんです。

けれども、みなさんは「自分」が存在すると信じているもんですから、「ああ、また『自分』が出てきた、『エゴ』が出てきた」なんて勘違いをするんです。

「ああしたい、こうしたい、なのに、ぜんぜんうまくいかない、キーッ！」なんていうときです。

でも、これもただそのように現れた感情なんです。その瞬間の「全体」の現れなんです。あなたのものなんかじゃない。そのような感情が、そこにポコッとただ現れているだけなんです。「自分」なんてどこにもいませんよ。

なのに、多くのみなさんが、「自分は、いる」って確信しちゃってるんです。どこかで仕入れてきた「自己」とか「自我」とかいう言葉がすぐに出てきて、こいつが悪い、こいつを消せば、真理が見えてくるのだなんて思い込んでいるんですね。そんなものを知る前は、「自分」なんて考えたこともなかったはずです。よけいな知恵がついてそんなことを言っているだけなんです。

「自分」なんていませんよ。どこにもいません。

「いや、そんなこと言ったって自分は我が強い方だと思ってるし」などと言います。

はい、そのとおり。「強い方だと〝思ってる〟」。

まさにそれが答えですね。〝思ってる〟だけなんですよ。

今、この本を読んでいるとき、〝自分が〟読んでいるなんて思っていましたか？

道を歩いていて後ろから肩をポンポンと叩かれたとき、「自分」なんていますか？

朝起きて一番に〝自分が〟起きたなんて思いましたか？


もう一つ例をあげましょう。

お家でチャーハンをつくるところを想像してみてください。鍋をコンロにかけて、煙があがるほどに油をチンチンに熱しますね。そして、軽く溶いた卵を投入しますね。「ジャー」って、油が音を上げる！

さあ、ここからノンストップです！　緊迫するキッチン。やり直しのきかない一発勝負！　一気に仕上げます。

ごはんを入れてすばやくかき混ぜる。卵がなじみ、全体がほどけてきたら、手際よく塩コショー。そして、間髪入れず具材を加えたら、さっと混ぜてから、少量の醤油を鍋のふちに垂らし、香ばしさを出します。最後に油をサッとまわしかけて、はい、おしまい。額の汗を袖で拭う。「ふぅー」。お疲れさんでした。

さて、このとき「自分」なんているわけがないですよね。あなたは丸ごとチャーハンになっていたんです。

鍋になったり、卵になったり。その瞬間その瞬間で、あなたの中は、あなたが注意を向けたもので満杯になるんです。あなたの中は、それそのものになるんです。「自分」なんて、どうやったっていられるわけがないんです。

この間どうなっているのかっていうと、自分っていうものがいっさい介在することなく、体が自然に動いて、左手がフライパンをゆすってて、右手がヘラを動かしているんです。

ただただ自動で行われているんです。あなたがやってるんじゃないんです。

「いやいや、そんなわけないですよ。塩コショーのタイミングとか、火を弱めるとか、この私がちゃんと考えてやってますよ」

そう思いますよね。

違いますよ。

塩コショーのタイミングも、自動で湧きあがっています。あなたが自分の意思でやっていることは何一つないんです。「塩コショーを入れるタイミングだよ」っていう「考え」が、ただそこにポコッと湧きあがっただけなんです。

「でももっと感情的なっていうか、ほんとあいつ頭にくるなんていう思考は自分のものですよね？」

まさか！

「思考」は「全体」の現れですよ？　すべてが淡々と現れているだけなんです。チャーハンをつくるような強い集中時だけじゃなくて、ごくふつうのときにも、「自分」なんていないんですよ。キャベツの千切りでもそうだし、掃除機かけでもそうだし、洗濯物をたたんでいるときでもそうなんです。いつも「いない」んです。「自分」なんてどこにもいないまま、つねにただそのように起きているんです。ずーっといないんですよ。「自分がいない」なんて、何も特別なことではないんです。いつもいないんです。

はて、「自分がいない」なんていうことを求める必要がどこにあるでしょうか？

それから、もう一つ申し上げておきますけど、「自分がいない」ときっていうのは、「あ、自分、いない」なんて絶対に思いませんからね。ていうか思えません。もしその瞬間に「自分がいない」って思えたら、それを知っている「自分」がそこにしっかりいるっていうことですからね。

「自分がいない」っていうのは、そのことさえも知らないことを言うんです。

よく「一つになる」みたいなことが言われますが

これと似たようなことで、よく「一つになる」みたいなことが言われますけれど、何と一つになるのかというと、無とか、神とか、大いなるなんとかとか、なんとか意識とか、いろいろな表現がありますが、私が「全体」と言っているものです。

この「全体」と一つになるっていうのがどういうことかっていうと、一つになったことがわからないことを言うんです。一つになったってわかったら、それは一つじゃないんです。

ただそのように起きていくままに運ばれていく感覚です。ふつうに生活して、ふつうに仕事もして、ふつうに家族と会話もして、ふつうに買い物にも行って、ちゃんと用事も果たす。けれども、実感としては、何もしていない、映像だけが流れている、音だけが聞こえているんです。

うれしいことがあれば、うれしいんです、わくわくするんです、何か嫌なことがあれば、頭にきたりもするんです、映画を見て泣きます、音楽を聴いて感動します、サッカーやお相撲を見て興奮するんです。

けれども、それがぜーんぶ自分に起きているんじゃないんです。別の人に起きているんでもありません。ただそこにそれが起きているんです。そのように現れているそれが楽しい。

「自分に起きたんじゃないのに楽しいんですか？」

「はい、めちゃめちゃ」

「どうして？」

「わからん」

「え、わかんないんですか？」

「わからんね」

「……」

ただただ「全体」で起きていることなんです。それをそのまんまに感じるんです。ただ、そのように〝在る〟んです。

これは、なーんにも特別なことじゃないんですよ。私たちは生まれてからずーっとそのように生きてきているはずなんです。「全体」と離れたことなんてないんです。

それなのに、離れてる離れてるなんて思い込んでいるものだから、くっつくためのたいへんな努力をしたりする。その甲斐あってどうにかうまくいき、くっついた感覚があり、やがてそれさえも消えたときに過剰に反応するんです。

でも、実際は「一つ」になるなんて、ぜんぜん何でもないことなんです。それが当たり前のことなんですから。赤ん坊はごくふつうにそれをやっています。

自分に起きているんじゃない

今のお話でも出てきた「自分に起きているんじゃない感覚」。「事実」というものをちゃんと見ていったときに、〝個〟は存在しないっていうことがわかってきます。どこを探してもない。それがすっとわかると当然、「自分に起きているんじゃない感覚」もいっしょに現れます。

けれども多くの人は、「ものごころがついて、自分を一人称で呼ぶようになったころから〝個〟というものが現れはじめて云々」なんていうことをどこかで知ったものだから、そう信じているんですね。

たしかに「学問上」ではそうなのかもしれません。

でも、私たちは「学問」の中で生きているんじゃないんですよ。よおーく見てください。〝個〟、つまり「自分」なんてどこにも存在しないんです。「ある」って思い込んでいるだけなんです。

とくに、つらい悩みなどを抱える人ほど〝個〟を意識していて、あらゆる出来事が

〝自分に向かって〟起きていると感じます。たとえば、「どうして自分にだけこんなことが？」「ああ、またか……」なんていう具合に。

出来事は、あなたに向かって起きていません。ただ起きています。たしかに、あなたの意識を通ってそれが現れました。でも、それはあくまでも、あなたを〝通って〟現れただけなんです。それをわざわざつかまえる必要なんてないんです。

出来事は、ホースを通って噴き出した水です。あなたはホースの役目を果たしただけです。

噴き出した水で遊べばいいんです。ホースの先を狭めて、虹をつくって遊べばいいんですよ。ただ、それを楽しめばいいんです。

前の項でもお話ししたように、自分に起きているんじゃないのに楽しいんです。やたら楽しい。ただそこで起きていることが楽しいんです。

一方で、それが自分に起きているんじゃないのに、悲しかったりします。怒りが湧いたりします。でも、最後はすっと消えていくんです。「静寂」の中に吸い込まれていくんです。

「事実」の中に、〝個〟は存在しません。あなたという〝個〟が存在しないのに、出来事がどうやってそこに向かっていけるというのでしょうか。

目覚めるってどんな感じなの？

目覚めるとどんな感じなの？　自分がいつもいない感じなの？　というようなことをよく聞かれます。

まさか！

つねに「自分はいない」なんていう感覚丸出しで、ふだんの生活なんかしていたら、それは人として、とても不自然ですよ。そんなことはありません。

いたってふつうですよ。

私たちのような〝伝える側〟の人間は、このことをみなさんに知ってほしいからしょっちゅう口にしますし、その目線で語ったりもしますけど、ふだんはみなさんと何も変わりませんよ。

自分っていう感覚なしにしゃべっているとか、自然に動いているとか、実際そうです。たとえば、今こうして文字をパソコンに打ち込んでいるのも、自分でやっている感覚はまったくありません。けれども、それをつねに感じているわけではありません。聞かれたら、そう答えるだけです。

さっきも言いましたけど、そもそも、**もし何かの最中に「自分はいない」っていうことを感じているとしたら、それは、それを感じている「自分がいる」ってことですよ。**そうでしょ？「自分がいない」っていうのは、「いない」ってことにさえ気づいていないことを言うんですから。

そうじゃなくて、**「自分はいない」っていうことをいったん深く確信して、それが**

根底に根づいているだけです。理解しているとかいうお話じゃなくて、「いない」っていうことが何があってもゆるがない。確信するっていうのは、そのことを「考えもしない」っていうことなんです。

水をやかんに入れて火にかければお湯になるっていうこととか、1＋1＝2であることを一回確信したら、そんなことはもう忘れて生活するでしょ。いつも考えているわけじゃありません。

ちんちんにお湯を沸かしたやかんに素手で触ったら、熱いですよね。確信しますよね。疑わないですよね。だけど、いつも「やかんは熱い、やかんは熱い」なんて考えていませんよね。そういうこと。

ところが多くの人は、「熱いやかんに触れたことがない」っていって、「わからない、わからない」って言ってるんです。だから、「どのくらい熱いんだろうか」「どうしたら熱いやかんに触れられるだろうか」って考えているんです。

「熱いんだろうなあ」ということはなんとなくわかってはいる、でも確信がないから、せっせといろいろな情報を集めはじめるんですね。そんなふうにして、知識の迷路に入っていくんです。知識に迷い込むと、どこまで行っても疑いはとれません。理解は理解。理論上で「熱いやかん」がわかったとしても実感が伴わなければ信じ切れない。だから、安心がない。

目覚めるって、いろいろな切り口がありますから、ひとことでなんて言えませんけれど、一つに「ゆるがない確信」があるかどうかっていうことがあるんです。

なんでも知っているなんていうことじゃありませんよ。怒らないとかね。お花畑にいるみたいなとか。あり得ません。そういうんじゃありませんよ。

要するに、「迷い」がないっていうことです。ものごとが完璧に起きていて、この世には本当に幸せしか存在しないっていうことを、腹の底から確信していて、どうやってもそうとしか思えない、たとえばそういうことです。

後悔が止まらないんです

後悔の念がなくならないという声をとても多くお聞きします。「ノンデュアリティでは、自分は何一つやっていないということがよく言われます。それが本当なら、気持ちが少しは楽になりそうなのですが、本当にそうなのでしょうか？」といったご質問です。

答え。

はい、そのとおりです。

あなたは、過去に何一つ選択をしていないし、行動もしていません。すべてが「全体」の現れとして、ただそのように起きています。

あなたはそれしか選べないようになっていたんです。どうやったってそれ以外を選ぶことなんてできなかったんです。

生まれてからずっとそうしてきました。何一つやっていないんです。なのに、どうして後悔しなくちゃいけないんでしょう？

「あのとき、ああしていればよかった」

「あのとき、なんであんなことをしちゃったんだろう」

そんなことを考えたって、それ以外の選択はあなたはできなかったんです。人間の力がおよぶようなものじゃないんです。ただそのように起きる。ただの現れなんです。

大事な取引先との打ち合わせの日に、なんと、台風直撃。これ、あなたのせいでしょうか？

違いますよね。すべてがそうなんです。

「ほんとに、何も後悔しなくていいんですか？」

はい、何も。

自分で人生を変えていけるって考えるのも自由です。けれど、ただそのように考えると、自分の考えや行動に重さが出てきます。当然ながら、それによる後悔というのも生まれます。

ああ、なんだか急にカップラーメンが食べたくなった。こんなとき、いろいろな選択がありますね。

すぐ買いに行く。

あとで買いに行く。

ダイエット中だから食べない。

あしたのお昼に食べよう。

数えきれないほどの選択肢の中から、あなたは何かしらの行動をします。あなたはこれを自分で選択すると思いますよね？

違うんです。

その選択もただ起きるんです。

あなたがその選択に介在することはできないんです。いっさいです。

カップラーメンなら、どうっていうことのない話ですが、家を買うなんていう場合は、話は簡単にはすみませんね。仮に、二つの物件で迷いに迷って買った家に、欠陥が見つかったなんて場合。

「あっちにしておけばよかった……」

たいへんな後悔に襲われるかもしれません。

そのほか、仕事上のこと、恋愛、結婚、お金のこと、親のこと、子どものこと、友人のこと。

私だってこういったことすべてが自分の選択、考え、行動の結果起きたんだなんて考えたら押し潰されちゃいますよ。後悔だらけの毎日を送っていることでしょう。

けれども、そうじゃないんです。

起きることが起きただけなんです。その選択が起きただけなんです。人の力のおよばない選択がそこに起きただけなんです。

あなたは何もしていない。ていうか、本当に何もできないんです。これが腹にすっと落ちたとき、あらゆることから解放され、生きていくことが驚くほど軽くなるんです。

何も所有できないってどういうこと？

私たちは、いずれ死ぬ。結局はすべてを手放さなければならない。家族だって、やっと買ったお家だって、車だって、財産だって。結局、「所有」なんてしていなくて、一時的に自分のところにまわってきているだけなんだと。そのように捉える考え方もあります。

それもまちがいではありません。でもそれだけじゃないんです。私が言うのは、そんなにスパンの長いお話ではなく、私たちの体に毎瞬、毎瞬、起きていることのお話なんです。

「この瞬間しかない」（42ページ）でもちょっと触れましたが、もう少しくわしくお話ししましょう。

たとえば、コーヒーをひとくちすすります。口いっぱいに香りと味が広がりますね。でも、それも自然と消えていきますよね。消そうとしなくてもふつうは自然と消えていきます。ずっと残しておこうと思っても消えてしまうんです。残しておくことができない、これを「所有できない」っていうんです。

音だって、聞いた直後にすぐに消えていきます。見たものだって、違う場所に目を移せば、今見ていた景色は消えます。どうやったって取っておくことができないんです。現代はビデオやスマホで音声や映像がいつでも記録できますけれど、江戸時代、わが子がはじめて「かあか」と言ったときの声を、どれだけの母親が「取っておきたい！」と強く望んだことでしょう。はじめて「立っち」した映像を、どれだけの父親が眼《まなこ》に焼きつけようと必死になったことでしょう。それでも消えちゃうんです。

でも、だからこそ、つぎに映った映像や景色がちゃんと見える。つぎに入ってきた音が前の音と混ざらずにちゃんと聞こえるんです。私たちは何もしなくても、ちゃんとそのようになる。完璧な活動がおこなわれているんです。

こびりつくやっかいな思考も、じつはちゃんと消えているんです。「あいつが憎くてたまらない」といった思いは、頭の中でつくられて保管されているだけで、「事実」は、もう消えているんです。跡形もなく消えているはずなんです。「事実」はそうなっているんです。

この「所有できない」っていうことが、じつはものすごく幸せなことなんです。たとえようもないほどに幸せなことなんです。ちゃんと消えてくれる、持ちたくても持っていられない、これが素晴らしい仕組みなんです。それをきちんと見ていないのは私たち人間だけなんですね。

所有できないからこそ「自由」でいられるということに、私たちは気づかないんですね。

私たちは「死なない」っていうけれど

「私たちは、いずれ死ぬ」ということが出てきたので、ここで「死」というものについてちょっとだけ触れますね。

　スピリチュアルの世界やノンデュアリティの世界でもよく言われることで、「私たちは、本来『意識』の存在であるからして、死ぬことはない云々」というものがあります。こういう考え方は、私にはちょっとむずかしく感じるんです。

　私は、自分の「死」を知ることはできないって単純に考えます。死んだ瞬間に意識が消え、すべてが消える。

「自分が死んだ」とは思えないわけです。

　自分の死を知ることはできない。それを知るのは、自分以外のまわりの人たちなんです。「死」そのものは、自分の〝まわり〟にあるのであって、自分には存在しないんです。私はシンプルに、そのように考えます。ですから、もし自分の「死」について考えるなら、まわりの人と話さなくちゃいけない。自分の「死」は、まわりの人たちにだけ存在するんですから。

　それと同じように、「生まれる」っていうこともそうです。

「私たちは永遠につづく『意識』の存在なのだから、生まれたりはしない云々」

そうなんでしょう、そうなんでしょう。否定するつもりなんてありません。でも、これももっと単純でいいと私は思っています。

「生まれる」とひとことでいいますけれど、あなたはどこの時点を考えていますか？

お母さんのおなかから出てきたときでしょうか？

おなかの中で心臓ができたときでしょうか？

脳がつくられはじめたときでしょうか？

受精した瞬間？

それよりもっと前？

まあ、どれでもけっこうです。どれだったとしても、これらの瞬間を自分で知っている人はいないんです。

例外的に、お母さんのおなかから出てきた瞬間を記憶しているという人がいますけど、それは稀にしかない例外としてここでは無視しておきましょう。

とにかく、「あ、自分、今、生まれた」っていう感覚がない以上、「生まれた」とは思えないのは当たり前ですよね。気がついたら「すでに生まれちゃってる」わけです。だから、「自分は生まれたことがない」っていうことなんです。むずかしく考えなくていいと思うんです。どっちにしても、死んでみないとわからない世界のことなんですから。ていいますか、死んでもわからないことなのでしょう。

そんなことは放っておいて、今、もうすでに「生きちゃってる」んです。そこだけでいいじゃないですか。私はそんなふうに思っています。

何も変えられないなんてつまらない？

私はずっと「私たちは何も変えられない」ということを言いつづけています。そうすると、「それじゃあ、なんにも楽しくないいんじゃありませんか？」という声が必ず出てきます。

だって、人っていうのは、いつも「もっとよくなりたい」って思っている生き物なのですから、何も変えられないっていうのは、たいへん不都合なことなわけです。何かの知識をつけることによって、自分の人生がよくなると思えば、必死に学んだりする生き物なんですから。

たとえば、ノンデュアリティでよく言われる「時間はない」とか「距離はない」なんてことを、それが自分の幸福につながるかもしれないって思ったとたんに、どうにか理解しようと、あれやこれやトライするんです。

ところが、とりあえず自分の人生をよくすることとは関係なさそうなこと、たとえば「ニュートンの慣性の法則」なんていうものだと、それを教えられても「ふーん」とか「へえー」で終わるんです。

つまり、それが自分の人生を変えることにどれだけ関係していそうかどうかだけが問題なんです。変えられないなら「そんなのぜんぜん楽しくなーい！」ってなるわけです。だから、さきほどのような質問が出てくるわけです。

でも、違うんです。楽しくないなんて考えられません。逆です。

何らかの「気づき」によって、「何も変わらない」、つまり、すべてが完璧に起きていることが明確にわかって暗い気持ちになるはずがないんです。だって完璧なんですよ？　ああ、あれも完璧、これも完璧。見るもの、聞くもの、感じるもの、ぜーんぶが完璧なんです。

「憎たらしぃー！」なんていうのだって完璧なんだってわかると、ぜんぜん見え方が違うんです。信じられないかもしれませんけど、笑えてくるなんてふつうのことで、愛おしくなったりするんです。自分に向かってひどい言葉を言ってる相手が自分の中にあって、それがただただ完璧だって思えるんです。ぜんぶが幸せだとしか思えなくて、あまりの幸福感にじわっと感激したりしちゃうんです。

私が聖人だとかそういうんじゃありませんよ。怒るときは怒りますし、イライラしたりもしますし、へそだって曲げますよ。いつも平静なんていうことはありません。ですけど、それらがぜんぶ完璧に整った状態なんです。感動するほどに完璧。湧き出るがまんまにまかせておくんです。現れたものは変えることなんてできないんですから。変えようとすることに無理があるんです。

そして、この現れはこの瞬間だけのものであって、この一瞬にしかありません。二度と同じ現れはありません。怒りもイライラも、悲しみも、嫉妬も。そして、喜びだってそうです。

たとえば、家族と過ごす今日のこの時間の今この瞬間は、一生にこの一度だけしかないんです。あしたまた同じ光景があったとしても、同じではないんです。今この瞬間にしかない経験を、今しているんです。

「私たちは何も変えられない」ということがわかると、感情もおもしろみも何もない〝のっぺらぼう〟とか〝でくの坊〟みたいになるなんて勘違いしている人がたまにいらっしゃいます。そうじゃないんです。

今、生きているだけで満足があるんですよ。望む何かがあるからの満足じゃないんです。ただただ満足なんです。ただ起きるがままなんです。何も手を加えることなどできない完璧な活動の中でプカプカと浮かんで流れていくみたいな。

今、湧きあがったこの瞬間にただひたっている幸福感。今この瞬間にいるこの感覚は、条件の必要のない幸福なんです。それがいつもここにあるんです。

お金がなくたって、家族で大ゲンカの真っ最中だって、「事実」の中では、ひたすら今この瞬間があるだけで、それはいつも満ち足りているんです。

頭で考える人は、「そんなことのどこが満ち足りているのか」と〝考える〟。

身をまかせた人だけが、「ああ、ほんとだあ」と〝感じる〟。

これが「私たちは何も変えることができない」の効用っていうか、おもしろさなんですね。そして、この「何も変えられない」の裏側には、「ならば、何をやってもだいじょうぶ」っていう〝自由〟が隠されているんです。

ノンデュアリティって何なのかっていったら

今さらですが、ノンデュアリティって何なのかっていったら、二元じゃないっていうことですよね。じゃあ、二元って何なの？　っていったら、主体と客体、つまり「見る者」と「見られる対象」があって、二つ以上のもので成り立っている世界。すべてが比較と相対で成り立っていて。常に「違い」が重要な世界。ノンデュアリティは、そうではない世界……。「ああ、めんどうくさーい。そんなむずかしいこと、どうだっていいじゃない！」っていうふうに『バタ足ノンデュアリティ』では考えます。

ノンデュアリティっていうのは、要するに「真理」に触れるっていうことなんですよ。それをもっと簡単に言っちゃうと、お茶を飲んだら、お茶の味がちゃんとわかるっていうこと。たったこれだけのことなんですよ。

そして、この真理を実感するのに、「他人の体でできますか？」って言ったら、できるわけがありませんね。友人に、「おい、おまえ、俺の代わりに水飲んどいてくれ」なんて何の意味もないでしょ。

「真理」に触れるには、〝個〟がはげ落ちないと出会えないとか、思考がなくならないと現れないなどと言いますけれど、そんな大そうなもんじゃありませんよ。ただこの瞬間を味わえばいいんです。

今、お茶を飲んでいるっていうただ一つの「事実」に触れることなんです。

「事実」を「理解」しようとすることじゃありませんからね。「理解」には必ず「言葉」がくっついてきます。言葉でどうにかしようとするんですね。

聞こえた音を、言葉で理解しようとしたら、どうなりますか？　風の音、雨の音、チェロの音色、人の声音。ほぼ困難。

見えた色を言葉で表現したら、どうなりますか？　空の色、朝焼け、肌の色。人間がつくったものじゃないほど表現はむずかしい。

においはどう？　味はどう？

「外はサクサク、中はしっとり」、これは味じゃありません。「肉汁がじわーって」、これも味じゃありません。

ワインソムリエが表現するような土の香りとか、枯れ葉の香り、カシスのような……。土の香りってどんな？　カシスってどんな？　どうやったって無理なんです。〝そのもの〟を表現することなんてできないんです。

〝そのもの〟をそのまんまに言葉なしで捉えているのが、私たちの五感なんです。

目が捉えたそのまんまの映像、耳が捉えたそのまんまの音。それだけが「事実」なんです。その「事実」のみとおつき合いしていくことで見えてくる世界がノンデュアリティなんです。

そして、この「事実」に触れた瞬間は、一秒前でもなくて、一秒あとでもありません。今この瞬間なんです。

そして、つぎに現れる「事実」も「今この瞬間」なんです。どこまで行っても、地球の裏側まで行っても、ずーっと今この瞬間しかありません。それに触れていくことなんです。ていうより、すでに触れていることを実感することなんです。

私たちは、「考える」より前に、「真理」にいつも触れているんです。これは「理解」じゃありません。ひたすら「実感」なんです。

と、こんなふうにお話しすると、こんな声があがったりします。

「すでに真理に触れているなんて言われても、実際の話、私は何にもわかっていません。私も金森さんみたいに何でもわかるようになりたーい！　もっと気楽になりたーい！」なんて。

私は言います。

「もうとっくに気楽になってるはずですよ」と。何かの音が聞こえた瞬間、お茶を飲んだその瞬間に、どうやったって深刻になんてなれないんだから。絶対になれないんです。

一応、言っておきますけれど、私なんてわからないことだらけですよ。たとえば、「『全体』とか『宇宙』ってどうなってんの？」なんて聞かれたら、「そんなこと知るかい！」です。

「人ってどうして生まれてくるんでしょう？」なんて聞かれたら、「知るかい！」です。

私の場合、今わからないものは、「知る必要のないもの」として完璧に片づいているんです。知らなくていいんだと。今わかってることでじゅうぶんなんだと。だって、実際そうなんですから。それだけのことなんです。

わかろうとすることには、キリがないんです。みなさんも、せっかく「真理」が少しでもわかりかけてきたのなら、それを味わったらいいじゃないですか。あっちこっち探しまわらないで、この瞬間にいればいいんですよ。この瞬間を楽しんだらいいんですよ。それが「真理」との唯一の接点なんですから。

今この本に触れている感覚、重さ、文字が目に映っているようす、こういうものを感じることが「真理」に触れているっていうことなんです。

もう一つ、大事なことをお話ししましょう。

目覚めるってどういうことかって言ったら、なーんにも特別なことなんかじゃなくて、**ただ、「今この瞬間に遊ぶ」っていうこと**なんですよ。なーんにも考えずに。ただそれにまかせる。それだけなんです。

どうやったって私たちは、今にしかいられないんです。ほかに行く場所なんてどこにもないいんです。今この瞬間しかないいんですから。

第三章

もっとリアルに

理解やイメージじゃなくて

第二章の冒頭でも書きましたとおり、「ノンデュアリティを知りたーい」って言って、何もわからない人がいきなり「二つではない」とか「すべては全体の現れである」なんていうことを「頭」で理解しようとしたって、そりゃあ無理に決まっています。そして、そのうちに、「そもそもあなたは存在していないし、誰もいないいんですよ」なんて言われちゃうんですから、理解しようっていったって、そんなもん、やる気にもならんでしょう。

ノンデュアリティを学びはじめたばかりの人、または実感としてよくわからない人は、どれだけ探求が長かったとしても、どれだけ豊富な知識をお持ちだったとしても、実際には「泳げない人」と同じです。それがいきなり、水泳の上級者が水面をすべるように、すいーっとすすむクロールをイメージしようっていったって、そりゃ無理な話です。もっと地に足のついた話が必要でしょう。

なんだか遠くにある素敵なイメージに憧れるんじゃなくて、実際にビート板を使って『バタ足』をやるんです。バシャバシャやるんです。それが楽しいんです。ちょっと速くすすんだりしたらうれしいんです。すると、そのうちビート板なしで二十五メートルをバタ足で行けるようになるんです。

頭で理解しようとするから苦しくなるんです。「上を向いたら、空が見えますよね?」って言われたら、実際に上を見ればいいんですよ。空が見えます。そうしたら、目に見えている「言葉にできないそれ」そのものを味わえるんです。

青いとか広いとかいう言葉にした時点で、もうリアルからかけ離れちゃうんです。それ以前にあるリアルな「事実」を味わうんです。それがノンデュアリティなんです。

それを、実際に見ないで、空を頭で想像する。ズレが出ます。どうやったってわかりません。

「これが全体そのものなんです」なんて、どれだけ言われたって実感なんてできるはずがありません。

この章では、さらに実際の生活の中のノンデュアリティって、どんなものなの？　というお話をしていきます。

十円玉で遊んでみよう

十円玉を一枚用意してください。一円でも、五円でも、けっこうです。
さて、十円玉、完璧に見えていますよね？
「半分だけ見えてます」とか、「七割見えてます」なんていう人はいませんね？
オーケー。
じゃあ、それを裏返してください。
よろしいですか？　やりましたね？
さっきと違う面がちゃんと見えていますね？
では、今はさっき見えていた面は見えていませんね？
もし「見えてます！」っていう人がいたら、あなたは超能力者だ。テレビに出られる！　ふつうは、一つの面しか見れません。鏡でも使わないかぎり。

何が言いたいのかというと、その瞬間の「事実」は、「一つ」だということなんです。その瞬間の「事実」は同時に二つ並ばないということなんです。目という機能は、その「事実」をちゃんと「事実」としてだけ見ています。

ところが、人の頭っていうのはやっかいで、「さっきまでは表が見えていた」とか、「ああ、これが一万円札だったらなあ」なんていうことを考えるんです。「事実」は「事実」のまんま、それ一つだけしかないのにね。

自分の都合で駄々をこねはじめるんです。「十円じゃ嫌だ、一万円じゃなきゃ」なんて。目はそんな文句なんか言ったことはありません。耳だって、鼻だって、舌だって、みんな「事実」をそのまんまに感じてるんです。

「事実」はそれだけなんです。余計なものはくっついてないんです。

そこに気づくことが、言ってみれば「目覚め」なんです。ただ「事実」に触れることなんです。それが「真理」に触れるっていうことなんです。簡単でしょ？

本当は、誰もが生まれてからずっとそうやって生きてきているはずなんです。「事実」から離れたことなんてないはずなんです。それなのに、頭だけが「ああだこうだ」ってやっているんです。「事実」からはるかに離れちゃって。

「事実」から離れて、「事実」以外のどこで生きていこうっていうんでしょう？ 幻想の中？ それは生きてないのと同じでしょ。

「事実」の中に生きていなかったら、それこそ「真理」なんてわかるわけがありません。条件や状況に左右されない〝本当の幸せ〟は、いつまでたってもわからないでしょう。

はい、それでは、もう一度、十円玉をしっかり見てください。

そして、ひっくり返してください。しっかり見てください。

では、十円玉から目を離してください。

問題です。

年号は、平成でしたか？　昭和でしたか？　そして何年でしたか？

これが「事実」と付き合うっていうことなんですよ。

立ち上がってみてください

今、座っている人はちょっと立ち上がって、気をつけの姿勢をとってみてください。オーケーですか？

では、体をゆっくりと前に傾けていってください。倒れそうになってもそのまま。するど、倒れてしまわないように自然に片足が前に出ますよね。自動で起きるんです。「自分」っていう存在がいて、そいつがやっているわけではないんです。

外を歩いているとき、「自分は今歩いている、自分は今歩いている」なんて考えて歩いている人はいないと思います。

お昼に中華屋さんでラーメンをすすっているとき、「自分は今ラーメンをすすっている」なんて考えていないですよね。全自動でおこなわれているんです。あなたはいっさい関わってないんです。信じられないかもしれませんけど、それが真実なんです。あなたは何もしていません。スープが顔にはねて「あちっ」って顔がびくってなるのも自動なんです。「ふーふー」って冷ますのも自動なんです。お金を払うときに、ポケットからお財布を出すのも自動なんです。

「そんなバカな」とみなさんおっしゃいます。でも、事実、そうなんだから仕方ありません。なんでしたら、本当に自分がやっているかどうか観察してみてください。たとえば、髪の毛を無意識にかきあげたとき、どこからその指令がやってきたのか。何かしらの思考がふっと湧きあがったとき、その出どころは、いったいどこなのか、たどってみてください。

おそらく、たどれないと思いますけど。

自分にやたらくわしい人

自分のことをやたらとくわしく話せる人がいます。自己分析のすごい人。ものすごく探求しているらしい。その中でつかんだ「自己」とか「自我」っていうものをたいへん深く考えていらっしゃいます。「自分」とはどのような存在なのか、何が原因でそのようになったのか、「生きる意味」について語ってみたり。まったく感心させられます。私は黙って、「ふむふむ」「ほおー」と聞いています。余計な口は差しはさみません。とうとうと語ります。

けれども、最後にはこんなふうに言ったりします。

「でも、よくわからないんです……」と。

考えすぎてわからなくなっちゃっているんですね。真実なんて、本当に簡単なことなのに。

私はいつもこんなふうに言います。「自分」とか「自我」なんてどこにもないんですよ。まわりにさまざまな現象が起きていて、その中心に「自分」っていう存在があるって勘違いされているんですよ、と。

「自分」なんていうものは、ドーナツの「穴」みたいなものなんです。たしかに、ドーナツ自体はあります。その中心には、たしかに「穴」もあります。けれども、「穴」

だけなんて捉えられないんです。たどり着くと、実際には「ない」んです。それを一生懸命探したり、定義づけしようとしたりする。

たしかに見えてはいるんですけど、ただの「穴」であり、実際には「ない」んです。ドーナツを食べてしまえばわかりますよ。「ない」ってことが。

見る場所が違っています。

自分の「体」が素晴らしい機能のままに、きちんと働いているということに目を向けるんです。目は完璧にその機能を果たしてくれています。今、見えたものを寸分の違いなく見せてくれます。耳は、今、聞こえたものを寸分の違いなく聞かせてくれます。鼻はにおいを、舌は味を、体は感触をそのまんまに伝えてくれるんです。すべて「全体」からの現れに反応した純粋な感覚なんです。これだけが「事実」なんです。

その瞬間だけが唯一の「事実」なんです。ほかに「事実」はありません。残りはすべて頭がつくりだした想像上のものです。

この「事実」に触れたときにのみ、私たちが「全体」とつねに一体であることを感じ取ることができるんです。

本を読んで、自分は分離なんてしていないんだって「思う」ことじゃないんです。「全体」とつながっているという実感が先なんです。「なんだか楽だなあ」ってなって、「なんでだろう?」ってなって、「あ、自分、つながってるんだ!」っていう流れですね。

これを、多くの方が逆からやろうとするんです。「つながっている」っていうことを先にいくら頭の中で「考え」たってわかるわけがありません。

体が機能のまんまに働いているのをきっちり感じるんです。「自分」がどうしたこうしたなんて、そのうちにわかりますよ。実際には、自分なんて「いない」っていうことが。

「よしあし」を立てるから争いが起こるんです

みなさん、まあ見事に、ものの「よしあし」を立てますよね。

「あれはよくない」「ああしたほうがいいのに」「なんであんなことをするんだろう？」っていう具合に、人のやることが気に入らなくて仕方がないんです。

思い出してください。あなたの「よしあし」なんて、どこかからポコッと湧きあがったただの「思考」なんですよ。どうでもいいって言えばどうでもいいようなものなんです。

私もこうして偉そうに自分の気づきなどをお話しさせていただいていますけれど、強制もしませんし、賛同していただけなくてもぜんぜんいいんです。おいしい焼きとり屋さんを見つけたので、みなさんにお教えしているのとなんら変わりありません。自分がとても気持ちいいので、おすそわけをしようかと。

さて、ものの「よしあし」ですけれども、これが多ければ多いほど、まず最初に本人が苦しくなります。世の中が気に入らないことばかりに見えてきますからね。すべてが完璧に起きているなんて到底信じられないわけです。「あり得なーい！」の連続なんですから。

つぎに、まわりが苦しくなります。つねに判断されるわけです。その人の大してあてにならない「よしあし」を基準に裁かれるんですよ。

言ってみれば、法律をちゃんと勉強していない裁判官に判決を言いわたされるようなものです。たまったものじゃありません。そうなれば、裁かれる方だって黙ってなんていられないわけです。

「おまえにつべこべ言われる筋合いはねえ！」なんてことになる。恐ろしい争いの勃発です。顔を会わせる頻度が高い仲であるほど、泥沼化していきます。

「事実」をよおーく見てください。「よしあし」なんてどこにもないんです。しょせん、人の都合なんです。どうでもいいことなんです。そして、そのどうでもいい考えが、そこにポコッと湧きあがっているだけなんです。

「よしあし」のお話をもう少し

もう少しお話ししておきましょう。

あらゆる現象や出来事が、本来は、いいも悪いもないいんです。

ある日、雪が降りました。

ただこれだけなら、これがいいか悪いか、何もありませんよね。ところが、ここに自分の都合っていうものがくっつくと、いきなり変わってきますね。電車が遅れて困るだとか、ズボンが濡れるだとか、道がびしゃびしゃになって嫌だとか、道が凍って滑るから困るだとか。

子どもなら逆に、雪で遊べるって喜ぶかもしれないし、新しく買ってもらった長靴が履けるっていって大はしゃぎするかもしれない。

それから、たとえば、**お金がないなんていうのだって、それはただお金がないだけのことです。「仕事がない」は、ただ仕事がないだけのこと、今、仕事がないだけのことなんです。**

「宝くじが当たらない」は、今は当たっていないだけのことなんです。それを、人は、そこにあれやこれや「考え」や「都合」を持ち込んできて、「自分の人生は、まったくもって……」なんて嘆くんです。

もうすでに起きていることです。どうやったって変えることのできないことが、どうやったってそうなるような形で現れているんです。これ以外にありようのなかった形で現れているんです。

この「事実」だけに目を向けてみると、これらのどこにも「いい」とか「悪い」なんてくっついていないことがわかるんです。なのに、人はいつもあとからいろんなものをくっつけるんです。

「全体」の現れは、動かしがたく、これしかない完璧なようすで現れます。

それに対して、嫌だ、嫌だと駄々をこねる。見る場所が違っちゃっているんです。

「事実」を見てください。そうしたら、よぉーくわかります。

目はちゃんと「事実」だけを見ていますよ？　一回見たものを変えようとなんてしないんです。耳だってちゃんとそれだけを聞いてますよ？　一回聞いた音を取り替えたいなんて考えないんです。「事実」には、なーんにも問題がないんです。

これ以上ない形で現れている

朝、歯をみがこうとしたら、歯みがき粉がなかった。「しまった！　買い忘れてた！」歯みがき粉がないという完璧な現象が起きたんです。

買い忘れたのにあったら、その方がおかしいんです。「ない」ことが完璧な現れなんです。

今朝、テレビの天気予報で晴れるって言っていたのに急な雨。洗濯物が台なしに。これも完璧な現れ。それで怒りがこみ上げてきたのなら、それも完璧な現れ。怒っているのに、笑いが止まらくなったんじゃ困るんです。

ちゃんと起きるべきことが起こっているんです。まさに完璧。起きることがぜんぶこれ以上ない形で現れています。

ガソリンがなくなったら車は走らないんです。ガソリンが空《から》になっているのに走ったらおかしいんです。ちゃんとそのように起こっているんです。まちがいなくそのように起きているんです。それがつぎつぎに現れるんです。完璧なんです。

人をコントロールなんてできませんよ

人をコントロールしようとする人が多い。というかみんなそうですね。「もっとこうあってほしい」っていうことをたくさんたくさん持っていますから。奥様に対して、ご主人に対して、子どもに対して、親に対して、会社の部下に対して、友人に対して。「なんで、そうなんだ！　もっとこうあるべきだろ！」と。自分の都合を押しつけているという問題と、もう一つ忘れていることは、その相手をあなたが「対象」と捉えていることなんです。自分以外の「対象」です。

これが二元の世界の特徴であり、苦しみをつくり出す根本的な原因でもあります。

相手はあなたの中に映り込んだ映像、感覚なんです。すでにできあがった映像なんです。完成されている。なのにそれに対して腹を立て、変えようとしているんです。

問題は「自分の外側にいる相手」にあると考えているんですね。それが自分を苦しめていると考えています。

違いますよ。

あなたが「相手」と思っているのは、ぜんぶあなたの感覚ですよ。あなたの目が捉えた映像があなたの中に映し出されている。あなたの耳が捉えた声があなたの中で鳴っているんです。

相手が激高して、あなたの肩を小突いてきました。あなたはカッとしますね。「相手」が、「大事な、大事な、素晴らしい自分」を小突いたと考えるから。

違います。

「事実」は、小突かれた肩の感覚があなたの中に現れただけなんです。それを認識したときには、その「事実」はもう消え去っています。その映像は消え、つぎの新しい映像が映っているはずなんです。「事実」はどんどんすすんでいきます。残っているのは、あなたの記憶だけ。

そして、その記憶が気に入らないものだから、相手をコントロールしようとする。コントロールなんてできるわけがありません。相手だって自分の意思でそれをやっているんじゃないんですから。絶対にそのようにしか起こり得ない行動をしている、いや、させられているんです。

あなたが相手に変わってほしいと思うのは、人は変われるものだと思い込んでいるからですね。

変われませんよ。変わりようがありません。あなたの意思とは関係なく、起きるようにしか行動ができないのですから。

自分がそうなのに、他人は違うなんていうことはあり得ません。それがわかったら人をコントロールしようなんていう気は失せます。できないことなんですから。

この「変わらない」っていうことが本当にわかったときに、心がぐっと楽になるんですよ。

とはいっても腹が立つときは腹が立ちます。コントロールしたくなります。「考える」前にそれが現れちゃったんだから、仕方ありませんよね。それはまたそれで放っておきましょ。

みんな完璧に役割を果たしている

あらゆるものごとや現象は、人間の力など絶対におよばない、これしか起きようのない完璧な形で現れます。そして、それらは、それぞれいつも完璧に役割を果たしています。

雨はただ雨の役割を果たしています。

蚊はただ蚊の役割を果たしています。
太陽はただ太陽の役割を果たしています。
あなたの上司はただその役割を果たしています。
あなたの親もただその役割を果たしています。
図書館はただ図書館の役割を果たしています。
ワンちゃんはただワンちゃんの役割を果たしています。
あなたの思考はただその役割を果たしています。
あなたの鼻はただその役割を果たしています。

そこに意味はありません。ただそのように現れて、それぞれの役目を完璧に果たしているだけです。

寒ければ、あなたの鼻は鼻水を垂らします。あなたの意思とは関係なく垂らします。
雨はあなたの意思とは関係なく、突然、降ります。

あなたの考えなどおよぶべくもないところで、すべてが起きているんです。それを変えることなどできません。その中で、すべてが完璧。

ただ、ここで間違わないでいただきたいのが、役割を果たしてはいますけれど、そこに意味のようなものはないということです。

役割というと、何か目的のようなものがあるみたいに思われるかもしれませんが、それは違います。

起きた出来事が何かの教訓に違いないとか、何か大きな意味があるに違いないとか、自分に解決できないことは起きないのだとか、そういった「考え」でこねくりまわさないでください。完璧に現れた、動かしようのない「事実」というただそれだけのことなんです。みんなただそれぞれの役割を淡々と果たしているんです。

ですから、雨を嫌わないでください。雨は雨の仕事を完璧にしてくれているんです。バイクのうるさい音にイライラしないでください。バイクはバイクで完璧な仕事をしています。音を聞き取った耳もまた完璧な仕事をしているんです。

奥様のお料理があんまりおいしくないなんて文句を言わないでください。あなたの舌は完璧な仕事をしているんです。寸分違わない味を伝えてくれているんです。これを〝満たされている〟っていうんです。

ああ、なんて幸せなんでしょ。

それを今やりたいって思うなら、やればいいんです

ただこの瞬間があるだけです。本当にこの瞬間だけしか存在しません。この一瞬前は、跡形もなく消えています。この一瞬先は、どこにもありません。「まだ」ないんじゃありません。完全に「ない」んです。この瞬間しかありません。

私がそんなふうに言うと、

「でも、半年後に引っ越しをしようっていったら、それなりの計画を立てないといけないですよね。それも考えるなって言うんですか？」

なんていう反論が返ってきたりします。

考えるな、なんて言っていませんよ。今、計画を立てたい、立てなくちゃっていう気持ちが湧きあがっているなら、それをすればいいじゃないですか。計画どおりになんていきませんけどね。

「そうですかねえ、その通りになることだってあるでしょ」

そりゃあ、なることだってあるでしょ。でも、それは計画を立てたからそうなったんじゃありませんよ。そこを間違えないでくださいね。

ただそうなっただけです。要するに、そうなることが決まっていたっていうことです。

大切なのは、今、計画を立てたいと思っているのなら、今、それが起きているっていうことです。「未来」がどうのじゃないんです。それが、今、起きているから起きているだけなんです。だって、「未来」なんていうもの自体がどこにもないんですから。どこを探したってないんです。この瞬間しかない。

「でも、子供の学校のことも考えなくちゃいけないし」

そうでしょう、そうでしょう。それならば考えたらいいじゃないですか。それが、たしかに今、起きていることなんですから。

ただし、それは〝未来のために〟やってることじゃないっていうことだけは、わかっておいてください。そこを間違えないでくださいね。「未来」はどこにもありません。「未来のためにと思い込んでいる状態」が、〝今、起きている〟、それだけのことなんです。

そして、ついでに言っておきますと、これもぜーんぶあなたが決めていることじゃないんです。ただそのように起きているだけなんです。

なぜそう起きるのかというと、そう起きなくちゃいけないから。そう起きることが決まっていることなんです。私たちは何一つ選ぶことができません。ぜーんぶ自動で起きているんです。

ついでのついでにもう一つ言うと、これしか起きない、変えられないって言うと、みなさん、悪いことばかりに目を向けます。お気持ちはわかるんですけど、いいことも、ちゃんとそれしか起きないように起きているんですよ。いいことも全自動。なーんにもしなくても自動で起きていくんです。実際に起きています。

ところが、いいことの方は見逃しがちなんですね。当たり前だったりするから。心臓は毎日ちゃんと動いてくれています。全自動。食べたものが消化吸収して栄養になってくれています。全自動。毎日、ちゃんと夜が明ける。全自動。眠りから覚めたらちゃんと目が見えた。全自動。これ、ものすごく素晴らしいことなんですよね。

じつは私たちは、いいことだらけで日々を過ごしているんです。

目的を持たなければ楽になる

「何かのために」という考えを少しのあいだだけなくしてみてはどうでしょう？

生きていくため、生活をしていくために仕事をしなければならないということは避けられないでしょう。

そうではなくて、もしどちらでもいいようなことがあれば、ちょっとやってみてはどうでしょうか。

たとえば、ダイエットのために、炭水化物を抜くという場合、「ダイエットのため」をなくしてしまうんです。すると、「ただ炭水化物抜きの食事をする」ということだけが残ります。結果を期待しない行為がここに生まれるんです。

どこかに出かけるために駅まで歩いていく。「どこかに出かける」をなくすと、「ただ歩く」ということだけが残ります。すると、景色がちゃんと見えたり、青い空が見えたりするんです。「ああ、空気がおいしいなあ」とかね。

私たちは、人生につねに何か目的のようなものを求めます。けれども、そもそも人生には意味なんてないんです。そこに、さらに別の目的を上乗せしたって大した意味はありません。

瞑想を楽しんでいる人もおられるのではないでしょうか。

もしそうならば、「目的」をくっつけないでやってみてください。「ただ、やる」。そうすると気持ちよさだけが現れてきたりします。ところが、そこに、「雑念を取り払う」なんていう「目的」があると苦しくなっちゃうんです。

「目的」や「求めているもの」を一時的にでも消してみると、ゆったりとして、自然とうまい具合に収まっていくんです。

瞑想をしていて、絶えまなく飛び出してくる思考なんて、この「目的」に比べたら幼稚園の子どもみたいなものです。出てきてもそこいらで遊ばせておけばいいんです。どうっていうことはない。やっかいなのは、「目的」なんです。

「何かのため」をやめて自然にまかせていると、「全体」との一体感が感じられるようになってくるんです。「目的」を持たない身軽さ、気軽さみたいなものをぜひ感じていただきたい。

ゆだねる、まかせるということ

ゆだねるとか、まかせるということがよく言われますけれど、実際には、私たちはそうせざるを得ない中で生きているんです。

「ゆだねる、まかせる」というのはこちらからの〝働きかけ〟でおこなわれるんじゃないんです。ただそのように起きるんです。といいますか、毎瞬、毎瞬、起きているんです。ゆだねざるを得ない、まかせざるを得ないんです。私たちは、受け身でしかいられないんです。

どういうことかと言いますと、たとえば、目は、私たちが考える前にものを正確に捉えています。気がついたら見えちゃっているんです。見ようと思う前に見えちゃっているんです。先に見えてるからこそ、「あ、見えてる」って気がつくわけです。見ようとしたから見えるんじゃないんです。完全に受け身なんです。

音だってそうです。思うより前に聞こえちゃっているんです。においだってそうです。味だってそうです。

では、「考え」はどうなのか。

同じです。思う前にすでに浮かんでいます。

「いやいや、考えは違いますよ。私の考えですよ」とみなさんは言います。

違うんです。

急にたこやきが食べたくなったとします。どこから湧いてきたんでしょう？

答え。

「全体から」です。自然に湧きました。ポコッと。人の手がいっさい入らない、いや、入れないさまざま条件が重なって、それしかないタイミングでそれしかない形で現れたんです。

私たちは、それを受け取ることしかできないんです。完全に受け身なんです。どうしようもないほどに受け身なんです。

ゆだねる、まかせると言いますが、そもそも私たちはそれしかできないんです。ですから、ただそこに身を置いていればいいんです。ただそれを受け取ればいいんです。

まちがおうと思っても、まちがえようのない道

私たちは、まちがおうと思っても、まちがえようのない道を歩いています。それしか起き得ないことの連続の中で生かされているんです。どうやったって変えようのな

い世界で日々を送っています。

ものごとが完璧に起こっている中で、私たちはつい「考え」を持ち出してきては、こうじゃない、ああじゃない、これは嫌だ、あれは嫌だと言いながら、もがいています。どっちにしようか、こっちだろうか、あっちだろうか、それとも、違う選択か。あとで後悔しないだろうか。過去にまちがった選択して苦しい思いをした。二度とあんなことはごめんだ。ああ、どうしたらいいんだろう……。

私たちは、何かを選んでいるようで、じつは何一つ選んでなんかいません。すべてはそのようにしか起きません。起きるべきことが起きる。起きないことは何をしても起きないんです。まちがえようなんてないんです。


ですから、逆を言うと、何をやってもいいんです。思いつくままにやっていいんです。


それも、ちゃんと予定通り、その選択しか起きないことが起きているんです。

「ぜんぶ決まってるんだったら何もやる気がしません」そう思うなら、その人にはその考えが起きたんです。
「それでも、やれることはやってみたい」そう思うなら、その人にはその考えが起きたんです。
そして、現実には一秒先には何が起きるかわからないんです。自分がどんな選択をするかわからない。私たちにそれを知ることはできないんです。でも、決まっているんです。

私たちは、どうやったってまちがえようのない道を、まちがえようもなく歩いています。

でも、そんなことを言われたって、すぐに「はいそうですか、わかりました、では、明日からそのつもりで生きていきます」なんていうふうにはなかなかならないもので、やっぱり、迷ったり、悩んだりということが出てきます。そのときに、どういうふうに捉えればいいのか。

まったく簡単なことです。それは、「迷っている」という「考え」がただ起きているだけ、「悩んでいる」という「考え」がただそのように起きているだけなんです。まちがえようのない道の中で、ただそのような「考え」が起きていて、「ああ、どうしよう」「どうしたらいいんだろう」という「考え」が浮かび上がっているだけなんです。

実際に迷っているんじゃないんです。迷いようがないんですから。それしか選択できない中で私たちは生かされています。

今それが起きているということは、たしかに「迷っているという考え」が起きています。たしかに「悩んでいるという考え」が起きています。それはまちがいのない「事実」です。

けれど、実際には迷っていません。悩んでもいません。「迷ってるなあ」「悩んでるなあ」っていう感覚があなたの中に映し出されているだけなんですよ。

「事実」は、どうやったって悩みようがないんですよ。

悩みは悩みのまんま

そんなことですので、この「悩み」というのは、じつはそれ自体には何の問題もないんです。自分の中でそのように映っているだけ。自分の都合に合わないとか、好きではないとか、自分の基準から外れているといったことが問題になっているだけなんです。

ですから、極端な話、「いい悪い」の判断基準がなかったら、「悩み」っていうものは起こらないんですね。

さあ、ではどうしようかって言って、「いい悪い」の判断基準を捨て去ろうってがんばっちゃうのは修行みたいになっちゃって、それはまちがい。

大事なことは、悩みが湧きあがっているようすをそのまんまに感じるということ。変えようとしない。だって、そうやってすでに現れたものを、どうにかなんてできないんですから。

「悩み」は「悩み」でよし。そのまんま放っておく。原因を探ったりしない、解決策を模索したりしない。

けれども、もし原因を探りたいという気持ちが自然に湧きあがってきたのなら、原因探しだって何だってやればいい。解決策に取り組めばいい。それもただ起きていることです。

「そのまんま放っておく」っていうのは、湧きがってくるものに対して抵抗をしないっていうことですからね。「考え」の上で「そのまんま何もせず放っておく」って〝決める〟のとはぜんぜん違うわけです。

起きたことを、「ああ、そう起きたのね」とそのまんまにただ受け止める。「なんでこうなっちゃのか」とか、「こうじゃなくて、ああだったらよかったのに」なんて余計なものをくっつけない。こちらからの〝働きかけ〟をしないっていうことが鍵なんです。

自分の都合で「いい悪い」を判断するから、問題が起きて、悩みがむくむくと湧きあがってくるんですね。まあ、そうはいっても、この「いい悪いの判断」ってやつは、簡単になくなるような代物じゃありませんけどね。

ほろほろとひも解けていく

セッションなどで、みなさんとお話をしていてよく感じることが、ノンデュアリティについて、みなさんとてもよく知っておられるということ。みなさん、たくさんの本を読んでいらっしゃいます。セミナーのようなものに参加しておられる方もたくさんいらっしゃいますし、いろいろなブログやユーチューブなどからもたくさんの知識を得ていらっしゃいます。

ところが、一つとても大事なことが抜けているんです。

それは何かと言いますと、

「自分のことを知らない」

ということなんです。

「自我」とか「自己」といったものじゃないですよ。そういうものについてはたいへんよく知っておられます。そうじゃなくて〝生の〟ご自分のことを知らないんです。ノンデュアリティっていうのは、じつはただただこの「自分」の活動のことなのに、それを知らない。知ろうとしていないんです。お城のお堀の研究ばかりをしていて、実際にお城の中に入ったことがないみたいな感じ。天守閣に実際にのぼってみれば、ぜんぶが一望できるのに、それをしないで、お堀をひたすら眺めている。

では、〝生の〟自分を知るっていうのはどういうことなのかって言うと、目は、ものをゆがめることなくそのまんまを見ているとか、ものが見えるというのは、自分の中に映っている映像であって、ぜんぶ自分の活動によって現れているといったことの〝実感〟なんです。

なーんにもむずかしいことなんてない。

それから、「事実」は一つしかなくて、迷いようがないっていうこととかですね。人は、寝ているときに、外を走りまわることはできません。一つしかないんです。「事実」は、同時に二つ現れることはない。そんなことを知るのが「自分」を知るというか、「体」

という媒体を使って、この世界のしくみを知るっていうことなんです。

そのために、多くの知識っていらないんです。

両手を前に出して、パチンと合わせてくださいって言われて、それができればじゅうぶんなんです。そのぐらい簡単なお話をしているんです。


じゃあ、実際にやってみましょうか。

両手をパチンと合わせてみてください。

パチンって音が聞こえましたね？

両手が合わさる瞬間と、パチンという音は同時でしたね？

このときに何が起こっているのでしょうか。

両手が合わさる、それを目が捉えて、寸分違わない映像が自分の中に映し出されている。

パチンという音が鳴った、それを耳が捉えて、寸分違わない音が自分の中に響いている。

さらに、両手のひらが合わさっている感触を感じているといったことがすべて同時に起きたんです。完璧に同時に起きている。

この瞬間が、まぎれもない「真実」なんです。動かしようのない「事実」なんです。

このような「事実」に触れることで、私たちは「全体」と一体であることを感じるんです。


感覚、感覚、感覚、ひたすら、感覚なんです。

見る、聞く、かぐ、味わう、感じる。

これを感じる器官である目、耳、鼻、舌、体。

生まれつき持っているこれらの道具だけで、ノンデュアリティは学べるんです。


知識の習得は楽しいものです。なんだか前進しているような気がしますから。それはそれでいい。やめる必要なんてありません。本だってたくさん読んだらいい。

けれど、感覚を大切にするっていうことを忘れないでいただきたいんです。感覚をよおーく見ていくと、いろいろなことが自然とわかってくるんです。わかった〝つもり〟なんかじゃない、リアルな実感が湧いてくるんです。

「理解」から得られる喜びとはちょっと違う、胸の奥から湧きあがってくるような「あ、そうなんだ……」という静かな感覚。

この何とも言えない、ほろほろとひも解けていくみたいな感じがたまらなくいいんですよ。

「事実」は二つない

「事実は、同時に二つ現れることはない」というお話がちらっと出たので、もうちょっとだけお話をしておきましょう。

仮のお話として、今、あなたが人間関係の問題でつらい状況にあるとします。当然、苦しければ苦しいほど、どうにかしたいと思いますね。

でも、これがどうにもできないんです。「事実」は、今そのように現れていて、その一つしかないんです。

二つ、三つあるのなら、ほかのどれかにしようとがんばることも考えられますけれど、「事実」は、今この瞬間にある「この状況」しかないんです。選びようがないんです。ほかに行きようがないんです。今しかない、これしかないんです。

このように私が言いますと、実際につらい人ほど強く反発します。そりゃあそうですよね。苦しくてたまらないから、すがるような思いで、スピリチュアリティに触れたり、心の学びをしたり、いろいろな本を読んだりしながら、何か救いになることはないだろうかってがんばっていらっしゃるんですから。

かつて、私もそうでした。楽に生きてきたわけではありません。ですからわかります。それでも、あえて言います。「事実」は、これしかないんです。

今この瞬間、そのことがただ起きています。それをつらいと思っている感情もまたそこにただ現れています。たった一つの「事実」がただ起きているんです。単純すぎるくらい単純。

「ああしたい」「もっとこうしたい」「なんでこんなことが起きるんだ」「なんで私ばっ

かり」「何がいけないんだろう」「これから先、いったいどうなっちゃうんだろう」も、その瞬間瞬間のたった一つの「事実」。

今この瞬間にある「事実」は一つしかあり得ない、ほかに行く場所なんてどこにもないんだということを心から納得できたとき、腹がすわるんです。

完全にすわっちゃうと、もう清々しささえ感じるんです。

やってみないことにはね

考えたって、どうにもなりません。やってみないことにはね。「何も変わりませんよ」って言いつづけている私がこのようなことを言うと、「え、でも、何も変わらないんですよね？」と、みなさん、首を傾げます。ここはちょっと説明が必要なところ。どういうことかと言いますと、たとえば「何も変わらない」ということの言葉を聞いたときに、どのように反応するかっていう部分が「どうにもできない部分」なんです。その反応が人によってまったく違ってくるんです。たとえば、事業を経営していて、それがうまくいかなくなったとします。とうとう資金繰りに行き詰まり、いよいよ倒産となったときに、どのような行動をするのか。

そこでの行動が、どうやってもその人がそれしか選べないようになっているっていうことなんです。友人や親戚に土下座してでもお金を借りに走りまわるのか、腹をくくって倒産を受け入れるのか、自暴自棄になるのか、もっと悪いことを考えてしまうのか。この中でもさらに無数の選択肢があって枝分かれしていきます。

それを私たちは自分で選んでいるように見えて、じつは選ぶことができないんです。その選択が起きるしかない形で現れるんです。

たまたま寄った本屋さんで、一発逆転のヒントを得るかもしれません。けれど、たまたま本屋さんに寄ること自体がそのように起きるんです。さらにその前には、外に出かけようという発想が、それしかない形で起きるんです。それしか起きないように起きるんです。

ふらっと入ったカフェで、たまたまそこでセッションをしていた私の話を聞きかじって、その場でセッションを申し込み、それによってすべてが変わるかもしれません。なんてね。笑

これらのすべてが、それが起きなくちゃいけない条件が完璧にそろって起きているんです。ふらっとカフェに立ち寄ることが絶対に変えることができない出来事として起きるんです。ふと思いつく考えを操作することができないんです。私たちは何一つ選択ができないんです。

ただ起きるべきことが、ただそのように起きていくんです。

でも、ここまで読まれておわかりかと思いますが、そのときそのときで、私たちはたしかに選択をしているんです。悩んだりしたかもしれませんけれど、選んでいます。おそらく、これがベストだろうと思うことや、自分がやりたい、「よし、やろう」と思ったことをたしかにやっているんです。

「なーんだ、選べないなんて言うけど、ちゃんと選んでるじゃん。それによって結果も変わるし」なんて思うかもしれません。

違うんです。どれだけ好きに選んでいるように思えても、あなたはそれしか選べないことをちゃんと選んでいるんです。選ばされているっていってもいい。

でも、たしかに好きなようにできているんです。おかしな話でしょ？　でもそれが「事実」なんです。ですから、何だって好きなようにやってみればいい。もし何かが思い浮かんだらやってみたらいいんですよ。好きにやってみたらいいんですよ。それ自体が、そうやるように決まってたことなんですけどね。どんな突拍子もないことを考えつこうが、ぜんぶそのように決まっていたことなんです。

何でもできる、でもじつは変わっていない。

これが「何も変わらない」なんです。そして、これがじつはとても心地いいことなんです。不安など起き得ない大きな安心があるんです。

「自然である」ということ

起きることにまかせて、ゆったりとしていればいい、自然でいればいい。よくそのように言われますね。

では、「自然である」とはどういうことかって言うと、自然になろうとしたら、もうその時点で自然ではありませんよね。自分の「考え」でそこに向かおうとしたら、まったく違う場所に行ってしまいます。

「自然である」とは、起きたことをただそのまんまに、何の抵抗もなく、ふわふわとしながら従っている状態です。どんな器にもその形におさまる水のように。

雨に打たれたら打たれたままに感じること。そのようすがそのまんまゆがむことなく自分の中に、完璧に映し出されること。余計なものがいっさいくっついていない。

花を見たら、その完璧な姿やようすをただ感じること。

かぜをひいたら、かぜをひいたそのとおりになること。

仕事がうまくいかなかったら、うまくいかなかったそのとおりになること。

温泉に来たら、温泉に来たそのとおりになること。


自分でいっさいの決めごとをしない、それが「自然である」ということです。

これは、いつも静かでいなさいといったこととは違います。

怒りが湧いたなら、怒りが湧いたそのとおりになること、胸がモヤモヤするのなら、モヤモヤしたそのとおりになることなんです。これが、じつは「完璧に整っている」ということなんです。

「自然である」というのは、全体からの完璧な現れにいっさいのグチや不平を漏らさない、自分の「考え」をいっさい持ち込まないことをいうんです。

何もつながっていないんですけど

みなさん、本当にものごとをつなげて見ますね。あれがこうだから、こうなる。それがそうだから、そうなる。

「あの人は前にこう言った。でも、実際の行動は違う。ということは、結局のところ……」

そして、考える、考える、考える。

ものごとは瞬間的なんです。徹底して瞬間的なんです。その瞬間に目の前に現れたものがすべてなんです。その瞬間、その瞬間、それしかないんです。

子どもに、つい「ほら、またやってる！　何度言ったらわかるのよ！」なんて声を張りあげる。

「ほら、また」の「また」は、ないんです。子どもは今この瞬間にそれをやっているだけなんです。なのに、過去を引っぱり出してきて、それを「今」にくっつけて、「もう！　いいかげんにしてっ！」なんてやるわけです。

さらに重症になると、関係のないむかしのことを引っぱり出してきて、「あのときだってああだった、こうだった」「そもそもあなたは――」なんて、もうとっくに消えて、どこにもないことを勝手につなげて責められたんじゃ、たまったもんじゃありません。

潰れちゃいますよ。

さて、さきほどのセリフを分解して見てみましょう。

まず、「あの人は前にこう言った」は、あくまでも「あのときは」なんです。今はどうだかわからないんです。

つぎに、「でも実際の行動は違う」これが今の姿なのでしょう。それがそのように起きているんです。

そして、「ということは、結局のところ……」は、ないものを勝手につなげて〝推察〟しているだけです。何の意味もありません。あなたが苦しくなるだけです。

本当はなんにもつながっていないんです。つねに瞬間、瞬間なんです。その瞬間だけなんです。徹底して「この瞬間」だけなんです。

「事実」の活動は、「この瞬間」しかないんです。もうないものを頭でつなげて苦しんでいるのは人間だけなんですね。

「真理」は、ここにある

私たちはいつでも「真理」に触れているんですよと、いくら言ってもみなさんは納得しません。なぜかっていうと、その「真理」が単純すぎることだから。睡眠不足でだるいときに、ソファか何かに横になったら、すっと眠りにおちるでしょう。これがまぎれもない「真理」なんですよと私は言います。

「えええーっ、そんなことがですか？　そんなバカな！」となります。

熱いお茶を飲んだら、「あちっ」てなりますよね、それこそが「真理」なんです。

傘をささずに雨に打たれたら、打たれたように濡れますよね？　それが「真理」なんです。それ以外にないんですよ。

大いなるなんとか？

大宇宙？

真我《しんが》？

深淵《しんえん》なるもの？

無限なるもの？

お気持ちはよくわかります。そういった「偉大なるもの」を、たかが一杯のお茶といっしょにするな！　なんて言うわけです。

本当のことを知りたい、「真理」に触れたい。そのために気の遠くなるような時間を瞑想に費やしてきたんですとか、たくさんの本を読んできたんですということを訴えたりします。

私は言います。

そんなことをするずっと前から、みなさんは「真理」にちゃんと触れているんです。というか、「真理」からひとときも離れることなく過ごしてきているんです。ものすごく単純なことなんです。目の前にあることなんです、と。

みなさんは、「大事なことはどこかにある。ここではないどこかにあるんだ。いつか必ず見つけてやる」そう言いながら苦しんでおられるんです。

車の音が聞こえませんか？

せみの鳴き声が聞こえませんか？

炊きたてのごはんの香りがしませんか？

カレーのにおいがしてきませんか？

風を感じませんか？

芋焼酎の後味を感じませんか？

これが「真理」なんです。これだけなんです。どこかほかにあるんじゃないんですよ。

あなたが目を開けたときだけ

あなたが今死んでも、世の中はいつもどおり、地球だって何の変わりもなくまわりつづける。そう思いますよね。

違うんです。

あなたが死んだら、全世界は消えてなくなりますよ。全宇宙が消えます。跡形もなく消えます。全世界、全宇宙はあなたがいるから存在しているんです。

あなたが目を開けたときにだけ、世界が存在します。あなたが何かを聞いたときにだけ、その音は存在します。

全宇宙のあらゆるすべてが、あなたが死んだと同時に消滅するんです。あなたのご家族もご友人も、家も財産もぜんぶ。何一つ残りません。

何が言いたいのかっていいますと、あなたの外側にどれだけのものが存在していようが、まったく関係ないっていうことなんです。あなたが今認識しているものしか存在しないんです。そして、それは瞬間、瞬間に移り変わっていきます。

右を見ていて、左を見た瞬間に、右にあったすべての存在が消えます。

高速道路を軽快に走っていたとします。今、見えている右側のガラス張りの大きなビルは、五秒後には存在しません。単に見えなくなったのではありません。存在そのものがなくなったんです。

仕事を終えて会社を一歩出たら、もう会社は存在しません。

「そんなバカな！　ほら、あるじゃん」と、ビルを振り返りながら笑ってあなたは言います。

振り返ったから、現れたんです。また前を向いて歩き出したら、存在は消えるんです。これが「事実」です。

今あなたがこのページを読んでいた最中、あなたのご家族も存在していませんでした。会社も取引先も、あのラーメン屋のおやじも、田舎のご両親も、小学生のときの同級生も、誰一人として存在していませんでした。

そして、あなたが世界で一番大事なあなた自身もいなかったはずです。どこにも。

「対象」は、どこにもないんです

第二章「あなた以外の誰かとか、あの木とか」(39ページ)でも触れた「対象」のお話は、とても大事なことなので、別の例をあげて、もう少しお話をしておきましょう。

「対象」とは、あなた以外のものすべてを指します。あなたの外側にあるものです。

実際にどんなものがあるか見ていきましょうか。

テーブルの上のコップは?

ふむ、なるほど。でも、コップはあなたの中に映し出された映像ですよ。「対象」じゃありません。

目の前にいらっしゃるご主人様は?

同じですね。あなたの中に映し出された映像です。「対象」じゃありません。

通勤で使っているいつもの電車は?

同じです。あなたの中に映し出された映像です。「対象」じゃありません。

つまり、目で捉えているものは、すべてあなたの中にあるのであって、「対象」ではないんです。

では、聞こえているものはどうでしょう?

車の騒音は?

耳が騒音を捉え、あなたの中で鳴っています。「対象」じゃありませんね。

近所の子どもたちの笑い声は?

同じです。「対象」じゃありません。

聞こえているものすべてが、あなたの中にあるのであって、「対象」じゃないんです。

においはどうでしょう？

「おっ、焼肉のにおいだ！」

これも、あなたの感覚です。「対象」じゃありません。花の香りだってそうです。

あなたの中にあります。すべてのにおいがそうです。

味はどうでしょう？

みたらし団子。

あなたの舌が味わい、あなたの中で味がしていますね。これも「対象」じゃありません。

すべての食べ物、飲み物が「対象」じゃありません。

では、感触はどうでしょう？

パソコンのキーボードを打つ指の感触。

あなたの外でしていますか？ 違いますよね。あなたの中に感触が湧きあがっていますよね。「対象」じゃないっていうことです。

蚊に刺された。

刺された感触は、どこにありますか？　あなたの外ですか？　まさかね。これもあなたの中に浮かびあがったものです。「対象」じゃありません。

見るもの、聞くもの、におうもの、味わうもの、感じるもの、この五感で感じたもののすべてが、あなたの中に湧きあがります。あなたの外ではないんです。「あなた以外」の「対象」ではないんです。

では、思考はどうでしょう？

言うまでもありませんね。思考もすべてあなたの中に立ちあがります。怒り、悲しみ、喜び、不安、満足、迷い、欲望、嫉妬、後悔、あらゆる感情はあなたの中に立ちあがります。やはりこれも「対象」ではありません。

ここまで合わせて六つの感覚を見てきました。この六つの感覚以外にこの世であなたが接触できるものがあるでしょうか？

ないですね。これがすべてです。

つまり、あなたが感知できる「対象」という存在は、どこにもないんです。世界中を見わたしても、どこにも「対象」はないんです。ぜーんぶ、あなたの中に湧きあがった映像なり、音なり、においなり、味なんです。

どれだけ大きなものも、あなたの中にあります。どんなに小さな音でもあなたの耳が捉えさえすれば、あなたの中に浮かびあがります。懐かしい思い出いっぱいの小学校の校舎も、あなたの中にあります。「対象」じゃありません。

あなたが大好きな飼い犬のハナちゃん。毛の感触、体温、息づかい、鳴き声、すべてあなたの中に立ち上がったものなんです。「対象」じゃないんです。

どこをどれだけ探しても、「対象」を見つけることはできないんです。

悩みのタネはどこにある？

みなさん、いろいろな悩みを抱えていらっしゃいます。人間関係、仕事のこと、結婚生活、経済的なこと。

みなさんは、そこに自分が接している「対象」があって、それについて自分は悩んでいるんだと主張します。

自分と自分以外という二元の考えが苦しみの原因なんです。

「事実」だけを見れば、そういうしくみにはなっていないことがわかるはずなんです。

人間関係の中での〝相手〟という「対象」に悩んでいるんじゃなくて、自分の中に浮かびあがった〝感覚〟に「悩んでいる」んです。

自分の中のことに悩んでいるわけです。「対象」ではないんです。

前のページでお話ししたとおり、そもそも「対象」というものは存在していなくて、すべて自分の感覚器官が捉えた感覚なんです。目で捉えた感覚が相手の映像を映し出します。耳で捉えた感覚が相手の声、言葉を感じ取ります。ぜんぶ自分の感覚が現れているだけなんです。それに対して、ぐずぐずと悩んでいるっていうことになりますね。

なんだか、時間がもったいないというか、バカらしいというか、だって、ぜんぶ自分の中で起きていることなんですよ。それに対して、怒ったり、悲しんだり、ときに胃が痛くなったり、朝まで寝られなかったりして。

うーん、なんだかねえ。

「対象」はありません。憎らしいあの人は、あなたの外側にいるんじゃないんです。あなたの感覚としてあなたの中にいるんです。もっと言ってしまうと、憎らしいあの人を思うとき、あなたは憎らしいあの人そのものになっているんですよ。

「うそでしょ?」

いえいえ、本当ですよ。あなたが、憎らしいあの人を思い描いたその瞬間、あなたの中はあの人一色になっちゃうんです。それ以外に何も存在できないんです。「事実」

はただ一つ、それだけなんです。

誰か特別な相手のせいで悩んでいるという考えは早々に改めた方がいい。

「事実」はそういうふうにはなっていなくて、自分の中にいる「思考の産物」に悩んでいるんです。**「悩んでいるという考え」に悩んでいる**という、とても滑稽なことをしているんだっていうことを知っておいたほうがいいですよね。

「全体」から離れることなんてできない

「今、何をやっていますか?」って聞かれたら、あなたは「この本を読んでます」と答えるのではないでしょうか。それがすべてであって、そのほかのことはないはずなんですけど、私たちはそこにいつもいろいろなものを持ち込んできます。

仕事の悩みごと、過去の失敗、たくさんの後悔、将来の不安。

今この瞬間しか存在しないのに。これしかないのに。

みなさんからよく「未来は本当にないんですか?」ということを聞かれます。とくに、将来に強い不安を抱えていらっしゃる方から訊ねられます。

私の答えはいつも同じです。

「ありません。どこにもありません」と。

なんですけど、このようにいくら言葉を重ねても、訊ねた人の反応もいつも同じなんです。

「はあ……、そうだったらうれしいんですけど……」

「ですけど?」

「やっぱりそうは思えなくて……」

ここなんです。「そうは〝思えない〟」

この言葉がみごとにすべてを語っています。「思考」の中をさまよっているんです。

未来なんてないということを頭で理解しようとしても無理なんです。感じるしかありません。でも、「ない」っていうことを感じるのはむずかしいですよね。ていうか無理です。

では、どうしたらいいのか。

「ある」ものを感じることならできますよね。「ある」ものとはなにか。

今この瞬間です。

私たちは、この瞬間にしかいられないんです。絶対にほかの瞬間にいることなんてできないんです。ですから、この瞬間を感じられないなんていうことがあるわけがないんです。

よく、そのためには、思考をなくして「無」になる必要があるなんて言われますけど、そんなことは絶対にありません。私たちは、ずーっとこの瞬間にいるんです。

「全体」と完璧に一致して活動している体があるんです。体はいつもこの瞬間にしかいません。この瞬間を感じるというのは、その「事実」を感じ取るだけなんです。

お風呂に入ってお湯の感触を体で感じるだけなんです。ついでにほかの感覚にも注意を向けていきます。目はお湯をまちがいなく見ています。耳はチャポ、チャポという音をまちがいなく聞いています。鼻は、お風呂場のにおいをまちがいなく嗅ぎ取っています。体の機能たちは、今、現れている現象をまちがいなく感じ取っているんです。

そこにいないのは、頭の中だけなんです。今を見逃したまま、あれこれ、あれこれとずーっと考えている。あしたのこと、きのうのこと、子どものこと、とぎれることのない問題、問題、問題。

ちゃんと感じてみてください。ただし、ここで大事なのは、たとえばそれが音ならば、〝自然に聞こえちゃっている〟のを感じること。気づいたときにはもう聞こえちゃっているという感覚なんです。「ああ、聞こうとしなくても、耳はずっと音をまちがいなく捉えているんだなあ」と知ることなんです。

音が現れる。それと同時に耳がそれを捉え、寸分違わない音を自分の中に鳴り響かせる。同時に起きるんです。ぴったり重なるんです。これが「全体」と一つになるということなんです。

私たちの体はつねにこのような完璧な活動をしているんです。

「全体」と離れたことなんて一度もないんです。

「全体と一つになるなんて、まだ経験がありません」なんてことがあるわけないんです。

このようにしていくうちに、自然と「ああ、ほんとに未来はないんだなあ……」って思えてくるんです。

都合よく願いがかなったとして

自分の都合のいいように願いがかなって、果たして幸せになれるんでしょうか？

残念ながらなれません。

どこまでいっても満足に達しないんです。なぜかというと、「私」が望みをかなえる云々というこの世界は、ものが二つあって、つねにそれを比較している世界だからです。

あっちのほうが長い、こっちのほうが軽い、裏表、貧乏とお金持ち、あいつは成功している、自分は成功できていない、あの人の方が幸せな結婚をしている、私はつまらない相手と結婚してしまった、あの人はみんなから好かれている、私は好かれない、明るい、暗い。

成功していると言われている人でさえ、もっと成功している人を見て、悔しがったりしているんです。

逆に、今、苦しい人だって、もっと苦しい人から見たら、うらやましいって思われるんです。比較する「対象」があるかぎり、期待と欲はなくなりません。

もっときれいになりたい、もっと痩せたい、あの人はあんなに痩せている。同じ痩せているのでも、こんどは、あの人は自分より楽に痩せているに違いないなんて。キリがないんです。どこまでいっても比較がなくならないんです。

「あなたはもうじゅうぶんに満たされているじゃないですか」なんて言われたって、

聞く耳なんか持ちませんよ。目の前に、自分が望む理想の「対象」があるんですから。
そして、うまくいって、それをクリアしたら、必ずつぎのステージが現れるんです。少し成功して、そういう人たちの集まるクラブなどに出入りするようになると、愕然とするんです。自分がそのクラスじゃ〝ぺいぺい〟だってことを痛感するんです。そして、もっとがんばらなくちゃって思うんです。やがて、そこでトップレベルになってやっと満足する……かと思いきや、こんどはもう一つ上のクラスの人たちが見えてくるんです。「こんなところで安心している場合じゃない！」そうやって時が過ぎていくんです。
延々とつづいていくんです。

絶対に満ち足りることのない世界で、いつか満ち足りることを夢見ているわけです。

これが苦しくないわけがありません。自分の都合よく願いがかなったとしても、決して苦しみはなくならないんです。

満ち足りた世界とは？

では、**「満足」っていうのはどこにあるんでしょうか。「本当の幸せ」っていうのはどこにあるんでしょうか。**

それは、ものごとが「二つない」ところにです。

「事実」の中にあるんです。私たちが一瞬も離れたことのない「事実」の中にあるんです。宇宙だとか、大いなる意識だとか、なんだかよくわからないところではありません。

音がそのまんまに聞こえている世界、目がそのまんまの色、そのまんまの形を捉えている世界、鼻がそのまんまのにおいを捉えている世界、舌がそのまんまの味を捉えている世界、体がそのまんまの感覚を捉えている、そんな世界にあるんです。私たちが生まれてから一度も離れたことのない世界です。でも、そのことを忘れちゃってるんですね。

あなたは最近、雲をゆっくり眺めたおぼえがありますか？

ゆっくりゆっくり少しずつ形を変えながら動いていく雲を。オレンジ色とも、ピンク色ともいえる色に染まる夕陽の中の雲を。ピカチューの形に似た雲を。ゴジラが大きな口を開けているような入道雲を。

ものをきちんと見たとき、見ている主体と、見られている客体という枠組みはきれいさっぱり消えてなくなります。

見たものは、体の活動として、自分の中に「たった一つの存在」として現れます。そこに「比較」は存在しません。長いも短いも、いいも悪いも存在しません。争いも悩みも問題もなにも起こり得ない、ひたすら静かな世界があります。そこだけが「真実」であり、それ以外の場所はないんです。

浮かれたようなものではない、ただただ静かな世界があるだけなんです。台風の渦の中心のような。

第四章

ゆったり輝く

ただ〝ある〟ということ

外で鈴虫が鳴いている。

リリリリー、リリリリー。

なごむねー、いいねえー。

このような風情もいいものです。

でも、その一歩手前に、ただ「聞こえてる」っていう瞬間があります。ただ聞こえている。ただその鳴き声だけがあって、そこに「考え」がくっついていない感覚。

リリリリー、リリリリー。

草むらのどこかで鳴いているのと、耳がそのまんまに捉えて自分の中で鳴り響いているのは、完璧に同時に起きています。

鈴虫の鳴き声は、自分の中にあります。鈴虫の鳴き声と自分との距離はありません。自分の中にあるんです。

鳴き声が、〝聞こえている〟から、鳴き声が、〝在る〟に変わる。

すべてが自分の中に〝在る〟。

何にもしていないのにそのようになっている。

ただそのように起きている。

このまぎれもない「事実」を感じる、そんな単純なことがノンデュアリティなんです。単純すぎるほどに単純なんです。

それが、ただ〝在る〟ということ。

リリリリー、リリリリー。

また、こんなふうにも言えます。

あなたがこの文章を読んで、実際に鈴虫の鳴き声を「考え」で想像する以前の、「リリリリー」という文字が目に飛び込んできた瞬間。この文字が目をとおして自分の中に映し出された瞬間。

これが、「ただ〝在る〟瞬間」なんです。「静寂の瞬間」なんです。

「事実」はいつも輝いている

今現れている「事実」は、このときにしか出会えません。一生に一度のことです。今この瞬間は、このときしか味わえません。そして、この瞬間はまちがいなく「一つ」しかないんです。

これしかない。

ここしかない。

今しかない。

やり直しなんてあり得ない。

取り替えもきかない。

一生にただ一度だけの瞬間。

だから輝いているんです。

人生という夢と幻想の中に生きていても、それが現れたその一瞬間は、まぎれもない「事実」です。その瞬間はたしかに存在するんです。

その瞬間が永遠に現れては消え、現れては消えているんです。

瞬間に現れ、跡形もなく消える。こんなに完成された素晴らしい世界なんです。

いいことがあったら、消さずに取っておきたい。そうですよね、でも、そこにゆがみがでてくるんです。それは、「考え」の中で生きていくことになるんです。

一見、悪く見えることは、すべて人間の都合で語られることにすぎません。「都合」から離れてそれらを見たとき、はっきりとわかるんです。「ああ、ぜんぶがそうなってる。ぜんぶがそのとおりなんだ。何もまちがってなどいないんだ」と。

そして、それを感じているその瞬間こそが「真理」なんです。「真理」は、はるか遠くのどこかにあるものなんかじゃありません。

「真理」の中ですべてが輝いているのは、その一瞬間ではすべてが満たされているからです。

念のために言っておきますけど、「真理」そのものが、輝いているとか、光や愛に満ちているなんていうことではありませんからね。「真理」は、底の見えない「静寂」です。「沈黙」っていう表現もしっくりきます。そこには何もありません。もっと言うと、何もないことさえわからないいんです。

そこから現れてくる「事実」が、「一つ」なんです。それがいくつもあったら、ただ生きていくだけでも大混乱しちゃいますよ。

そういうことのない、素晴らしくスッキリした世界に、私たちは存在しているんです。だから安心していられるんです。

「事実」はどんどんすすんでいく

「事実」は、人間が手を加えられるような代物ではありません。そして、つぎつぎに新しい「事実」が生まれてきます。観察しているひまなんてありませんよ。つぎからつぎなんですから。

それをいちいち取っ捕まえて、ああじゃない、こうじゃないって「考え」でやるものだから、こじれるんです。そんなことをしている間に、「事実」はどんどん先にすんでいっちゃう。

たとえば、「事実」は、ずっと降っていた雨がやんで、一年に一回見られるかどうかわからないようなでっかい虹が出てるのに、さっき会社の上司から言われた理不尽な言葉に腹を立て、イライラしている間に見逃しちゃった。ああ、残念。

どんどん変わっていくんです。雲もどんどん形を変えていくんです。瞬間、瞬間に変わっていくんです。

最初は、観察することも必要でしょう。そうでなくちゃ、何もわかりようがないですからね。けれど、それは一時的なものであって、感覚さえつかめたら、あとはひたすら感じるだけなんです。実際、それしかできないんですよ、「事実」の展開が速すぎるもんだから。

それなのに、そこにラベリングをしたり、ジャンル分けしてみたり、好きだ嫌いだ、いい悪いなんてやっていたら、置いて行かれちゃうんです。そんなことをしているひまはないんです。

どんどん現れて、どんどん消えていく。それを体はいつも感じ取って、そのように活動しているんです。一つのまちがいもなく活動しているんです。

それしかない現れに対して、文句も言わず、ただ「全体」と一つになって完璧に活動しているんです。素晴らしいでしょ？　私たちが何も考えていなくても体は自然にそうしているんです。

それなのに私たちは、そこに自分の都合のいい「考え」を持ち込んできては、事態をひっかきまわすんですね。

もともと濁ってなどいなかった熱帯魚の水槽の水に手をつっこんで、ぐるぐるかき回すんです。熱帯魚たちは驚くし、水は濁っちゃうし、いいことなんて何にもありません。ただ静かに見ていればいいのに。

ゆったり、ゆったり、そのまんまに

ただ起きていることに、いちいち注文をつけずに、条件をつけずにそこに浸るんです。人間の力のおよばない原因によって、それが現れているんです。完璧な現れなんです。そう起きるべきことが、そのように起きているんです。抵抗なんかしたって疲れるだけです。自分の都合を並べ立てて、ああだこうだってやりはじめたらキリがありません。

「全体」に預けてみればいいんですよ。ゆったり、ゆったり、そのまんまに。

預けてみてはじめてわかるんです。本当にそのまんまでよかったんだと。条件なんてつける必要がなかったんだと。「事実」だけに目を向けたら、預けるも何もなくて、すでにそうなっているんです。私たちは預けることしかできないんです。

でも、ここではあえてこのように言わせていただきます。

「ぜんぶ預けてしまえ」と。

すべてが自然に運ばれていくんです。

こうして「全体」と仲良くしていくうちに、「考え」というものがいかにまちがいを犯すものかということがわかってきます。

最初のうちは、「全体」に触れていることを感じます。「ああ、触れてるなあ」と。

やがて、「あれ、もしかして一体になってる？」っていう感覚が湧いてきます。けれども、この時点ではまだ一体化している「片割れ」なんですね。つまり、まだ「二つ」なんです。

でも、そのうちに何も感じなくなります。

ただ起きていること〝だけ〟が残るんです。

ほかに何もない。気がつくと、**一つになった体験さえ消えるんです。** ただ起きていること〝だけ〟がそこにあるんです。誰もいない中で自動で起きていくんです。

ゆったり、ゆったり、そのまんまに。

ありがちな「ゆったり、ゆったり」にご注意を

今のお話のつづきで、ありがちな勘違いをちょっとだけお話しさせていただきますね。

いくらか知恵らしきものがついてきて、少し〝ゆるんだ〟感じがわかってきたときに起きるのが、他人のせわしなさが気になるっていうことがあります。

「なんでこの人はもっとゆっくりしないんだろう?」とか「どうしてそんなに急ぐの?」なんていう思いが駆けめぐり、そのうちに、どうにもがまんできなくなって、「ねえ、もうちょっとゆっくりしなよ。そんなに急いだってなんにもいいことないよ」とか「もっと自由に生きなよ」なんて説教をしはじめるんです。口にしなくても、見ていてなんだかイライラしてしまったり。

これ、じつはぜんぜん〝ゆるんで〟ないんです。〝せわしない〟箱から飛び出した

のはいいんですけれど、今度は〝ゆったり〟っていう別の箱をつくって、そこに収まっているだけなんです。

箱の中であることに変わりがないんです。壁に囲まれたまんまなんです。だから、ほかの箱が気になるんですね。あらあら、残念ながら〝ゆるんで〟いません。

ゆるむ、ゆったりするというのは、「気にならない」っていうことなんです。

ゆったりしていても、せわしなくてもどちらでも平気。別の言い方をすると、どんな枠に入れられても、そのまんま平気でいられるっていうこと。せわしないところに連れていかれたら、何の抵抗もなく、そこにすっとなじむっていうことなんです。

「自分はゆったりできている、なのに、あの人たちは……」なんていう思いが湧きあがってきたら、「おいおい、おまえ違ってるよ」って自分に言ってやってくださいな。

大事なのは〝知る〟ことではなくて

気づきは突然訪れます。

鏡を見たときに「はっ」とする。

流れる雲を眺めているときに「あ、そうか」と気づく。

高速道路でトンネルに入り、何も聞こえなくなるほどの「ゴー」という音の中で〝静寂〟を感じ、「あっ、これか！」と驚く。

突然です。いつも突然なんです。学びの積み重ねじゃありません。そのときに触れた〝そのもの〟なんです。〝感覚〟なんです。〝頭〟じゃないんです。

気づかれたみなさんに共通するのは、

「なーんだ、これでよかったんだ」

「なんだ、こんなことだったのか」

という感覚なんですね。特別のことなんて何にもない。ましてや、むずかしい言葉を知っている必要なんてまったくないんです。

そして、「これでいい」って確信ができたら、それ以上何も必要ありません。「探す」ことが止まる。

それは〝知る〟ことでは止まりません。〝知る〟にはかぎりがないんです。

知っていることが大事なのではなくて、そのように生きているようすがノンデュアリティなんです。起きたことそのまんまに生きていく、それだけ。じつにお気楽な生きざまなんです。

自分なしで淡々とすすんでいく

すべてが自分なしで淡々とおこなわれているということを感じていただきたいんです。本当に自分がそれをやっているのか、よぉーく見てみてください。

何を見ればいいのかっていったら、「事実」です。ただそれだけ。

気がついたら聞こえている音、人の声、鳥の鳴き声。

気がついたら見えている景色、もの、人。

気がついたら感じているにおい、かすかな香り。
感じようなんて思わなくても感じるさまざまな味。
気がついたら感じている体のさまざまな感覚。
そして、途切れることなく現れる思考たち。

「事実」は、これらすべてが「自分なしで現れては消えている」んです。自分はいっさい介在していないんです。私たちはそのようにして生かされているんです。生まれてからずっとそのようにしてきています。
この「事実」の直後に、間髪入れず「思考」が勢いよく働き出します。そうして苦しみが展開していくわけです。

「事実」は、今この瞬間に見えているものが「全体」の現れとして、ただ見えているだけ、ただ聞こえているだけなんです。

「事実」は、困ったということがありません。ただ〝在る〟んです。私たちはそこにたくさんの自分にとって都合のいい「考え」をくっつけて、あらんかぎりの不安をこしらえ、過去を引っぱりだし、今この瞬間を埋めつくすことで、「事実」をものの見事に覆い隠してしまいます。

私が「真実はこんなに単純なことだったのか」と気づき、さまざまなことがすっきり見とおせるようになる直前の半年ほどのあいだ、この「自分はほんとにこれをやっているのか？」という疑問がずっとモヤモヤとありました。

「自分、何もやっていないんじゃないか？」と感じられて仕方がありませんでした。けれどもその一方で、「そんなバカなことがあるか」という考えが湧きあがる。それでも、また浮かびあがってくるモヤモヤとした感覚。「うーん、やっぱりやってないんじゃないかなあ……」。そんなようすがつづいていました。

目の前の仕事や、やるべきことがちゃんとなされていくのに、そこに自分がタッチしていないように感じられて仕方がない。言っておきますけど、これについて真剣に考えていたわけじゃありませんよ。なんとなくそんな感じが取れないんで、おもしろ半分にながめていたみたいな感覚でした。

もともと「学び」といえば、もっぱら「願望実現系」ばかりだった私が、それもなんだか思うようにいかなくて、本などもぜんぶ売り飛ばし、「あーあ、もう、ぜーんぶやーめた！」って、そんな状況でした。

そんなある日、あの〝空白〟を体験したわけです。

そうして、気づきのようなものが押し寄せ、あれよあれよという間に、今このような本を書いているわけです。

このあいだにも、私は何一つ行動に関わっていません。ただそれが起きていくだけ。今もそれが淡々とただ起きています。


私たちは、どのような行動にも、人生を変えるような重要な決断にさえも、いっさい関わっていないんです。

何一つ関わっていないんです。ただ起きるべきことが完璧に、それしか起きない形で起きていくんです。

そして、もう一つ言える重要なことは、これらが〝自分に向かって〝起きているんじゃないということです。すべてが自分の〝まわり〝で淡々と起きていくんです。それがどれだけ騒がしかろうと、にぎやかだろうと、〝ここ〝は、つねに「静寂」なんです。「しーん」と静まり返った中で淡々と「事実」だけが現れていく「今この瞬間」が〝在る〝んです。

ああ、そうなのね

目がものを捉えたときに「見える」という現象が起きます。耳が音を捉えたときに「聞こえる」という現象が起きます。自然と起きるんです。そうしようとしなくてもそのように起きるんです。

そして、違うものに触れたとき、その感覚はすっと消えて、新しいものがこれ以上ないほどにスッキリと見える、聞こえる。私たちの体の機能は、起きたことをつねに完璧に捉えて、寸分の違いなく伝えてくれています。私たちの体というのは本当に素晴らしい活動をしているんです。

そして、これがまさに生きているということなんです。

これらの活動に対して、私たちは徹底的に受け身でしかいられません。すべてが自動で見え、自動で聞こえてきます。気がついたときには、もう見えちゃっていて、聞こえちゃっているんです。そこに「真理」があります。

何をがんばる必要もない。そのまんま、そのまんま。ひたすら人間に本来備わっている機能のままに感じて過ごすこと。何にもむずかしいことなんてないでしょ？　生まれてまもない赤ん坊が、やってのけているようなことなんですから。

赤ん坊は、空を見たときに、「空」という言葉も知らない。「青い」という言葉も、そのようすも知らない。はるかずっと上にあるなんていうこともいっさい知らない。でも、嫌なものじゃないということだけはわかる。青い色の素晴らしさもちゃんとわかるんです。

見えたまんま、感じたまんま。ただ見える、ただ感じる。この感覚がただ一つの「事実」であり、それが「真理」を教えてくれるんです。

ですから、これは知識や理解ではないんです。ある意味、言葉は必要ない。ひたすら感覚なんです。

ただ見えていること、それが完璧にそのまんまに映っていることを「満ち足りている」というんです。何一つ欠けていない。何の手を加えることもできない、すでに完璧に満ち足りてしまっているものがここにあるんです。

ここでいう「満ち足りている」というのは、私たちが勝手に想像する自分の都合が満たされることではありません。すべてが完璧に起きているということです。

人の力のおよばない数えきれない原因が複雑に折り重なった上にはじめて起きる現象。それ以外に起き得ない現象。それがずっとつづいてきているんです。

そこに何の力も入れずそのまんまにまかせるというのが、ただ見えているままにいることであり、ただ聞こえたままにいることなんです。

じつはそこに、ゆるがない「静寂」が存在しています。道路工事の騒音の中であろうと、都会の雑踏の中であろうと、水しぶきが上がるような大雨の中であろうと、思考がつぎつぎに湧きあがる騒々しい中であろうと、変わることなく存在している「しーん」とした何か。ただただ「静寂」。完璧な現象を生み出すおおもと。

これを知ったとき、「ああ、そうなのね」ってなるんです。大いなるなんとかだとか無限なるものだとか、そんな言葉は、私にはぜんぜんピンと来ない。そんなんじゃない。もっと軽いもの。もっと何でもないもの。

「ああ、そうなのね」なんです。

鏡みたいに生きる

私たちの自然な姿というのは、鏡のように生きることなんです。

前の景色を見れば、前の景色が映ります。青い空を見れば、青い空が映ります。飲み屋に行けば、飲み屋の景色が映ります。嫌な相手を見れば、嫌な相手が映ります。好きな人を見れば、好きな人が映ります。

感情だって同じです。悲しい感情を見れば、悲しい感情が映ります。

そして、鏡はそのようすをただそのままに映し出します。東の空のようすが映っているとき、西の空のようすは映りません。いつもそのようすだけが映るんです。

そして、つぎのようすつぎのようすと移り変わっていくんです。ひとところにとどまることはありません。つねに移り変わっていきます。

鏡にどれほど嫌な景色が映ろうと、それが立ち去った後には、その形跡をまったく残しません。影も形も残しません。そしてまたつぎの景色が見えたまんま完璧に現れる。これが延々につづいていくんです。

これが私たちが生きているようすなんです。何もこちらからの〝働きかけ〟をしていないようす。その瞬間、それしか映り得ないものがただ映る。

それなのに自分に都合の悪いことが起きると、人はすぐに「どうしてこんなことものが映るんだ？」などと考えます。そして、その原因を探しはじめたりします。

原因を探すことには何の意味もありません。たしかに原因はあります。けれど、それは人間の手がおよぶようなものじゃないんです。人間から見たら、ただそれが映ったとしか捉えようがないんです。

ですから放っておくしかない。そこに映し出されるものがどのように選ばれてくるのかなんていうことは絶対にわからないことなんです。知り得ないことなんです。人は、ここに勝手な考えや自分の都合を持ち込み、不満を抱え、苦しみにもがきます。

鏡はそんなことはしません。ただそれをそのまんまに映すだけ。そういうふうに生きれば、何の問題も起こりません。

「でも、それじゃ、機械みたいじゃん。ロボットじゃあるまいし、生きてる感じがしないですよ」と多くの人が「考え」ます。やる前に「考えて」いるんですね。

私は言います。

「いいから一度そんなふうに過ごしてみて」って。

やってみなきゃわからないんですよ。実際にやってみると、だんだんわかってくるんです。そのまんまの姿が鏡に映るっていうただそれだけのことが、もうすでに「満ち足りちゃっている」ことなんだって。

「自分の都合がかなったから満ち足りました」なんていうちっぽけな「満ち足り感」とはケタが違うハッピーがそこにはあるんです。

鏡みたいに生きる——。

それが自然の摂理にかなったことなんです。本来の生き方なんです。

これこそが「全体」と一つになった生き方なんです。

それをみなさんは「カメラマン」のように生きちゃうんです。自分で写したいものだけを写そうとするんです。それを探してあっちこっち駆けまわる。そして、ぜんぶ記録にとどめちゃう。あのときはああだった、あのときはこうだったと。そして苦しんでいるんですね。

鏡はそんなことはしないんです。

不安は湧き出るまんまでいい

不安なんて湧き出るにまかせておけばいいんです。どうにかしようなんて思わないことです。

「でも、苦しくてたまらないんです」

不安な考えがよくないと思っていらっしゃることも、苦しみを増幅させてしまっている要因です。悪くなんかないんですよ。ただそういう思考だっていうことなんです。しょせん、「全体」から自然に湧きあがったただの思考なんです。それによってあなたの人生——といわれるもの——が変わるようなものじゃないんです。何を思い浮かべようがあなたの人生が変わるわけじゃないんです。そこをまちがいなく胸に刻んでください。悪いことを考えると悪いことが起きるというようなことが言われますが、そんなことはないんです。

何を考えたかで何かが変わるようなヤワな世界に私たちは生きていません。「全体」は私たちの意思など知りません。ただそのように起きるべきことが起きていくだけなんです。起きるとおりに運ばれていくんです。

私がそのように言うと、「その行き着く先が怖いんです」とみなさんおっしゃいます。でも、これは計り知れない「全体」のそのまんまの現れなんです。人の力でどうにかなるようなものじゃありません。腹をくくるしかありません。

でも、ガッカリしないでください。ここが終わりじゃないんです。ここがスタートなんです。

腹がくくれたとき、やっとスタート位置に立てたってことなんです。本当に腹がくくれると、どうなるかわかりますか？

めちゃめちゃ軽くなるんです。あとはただ従っていけばいい。湧き上がる考えそのものにいいも悪いもないんです。不安だって湧き出るまんまでいいんです。放っておくんです。

行き着く先？

そんなものはありませんよ。今この瞬間がすべてなんです。

瞑想ってどうなの？

不安などをそのまんまに放っておくといえば、「瞑想」が思い浮かびますよね。実際、セッションなどをやらせていただいていると、瞑想について本当によく質問をされます。瞑想をやられている方が多いんですねー。

質問の内容でも、とくに多いのが、「自分のやり方があっているのか」というのと、「瞑想で気づきは起きるのか？」というもの。

私はこのようにお答えしています。

「瞑想が直接気づきを起こすということには期待しない方がいい。瞑想と気づきははっきり言って関係がありません。でも、たとえば、呼吸が深くなったりすることで少なからず健康にはいいはずですし、楽しんでやられるなら、最高の趣味でしょう」と。

ここまで言うと、みなさんちょっと残念そうにされます。「でもね、じつはノンデュアリティを体感するのに役立つんです」とつけ足すと、目をキラリと輝かせます。

私はノンデュアリティを水泳にたとえていて、私がつねづねお話ししているのは、上級者のクロールのお話じゃなくて、徹底して、『バタ足』の練習のようなものなんです。

泳げない人が上級者向けの講義を聞いたって何にもなりません。混乱するだけです。「大いなるなんとか」とか「意識がどうしたこうした」なんていうのは、私から言わせていただくと、上級者向けのお話なんです。そんなことじゃなくて、まずは『バタ足』からやっていこうよっていうのが私の考えです。

さて、この中で瞑想がどう役立つのかといいますと、『バタ足』そのものが上達するということなんです。

『バタ足』自体をより楽しむためのツールとでも考えていただければいいかと思い

ます。

ただし、正しいやり方をしないと意味のないものになってしまいます。別の目的でやられるのなら何でもいいと思います。心を落ちつかせたい、深いリラックスを体験したい、頭をすっきりさせたいというようなことであれば、効果のある方法がたくさんあります。

けれども、私が言う『バタ足』上達のための瞑想ならば、それに沿っていなければ意味がありません。それは、本書でこれまでに語ってきたまんまのことで、私たちという存在は「すでにそうである事実」を、感じようとなんてする前に、寸分の違いもなくそのまんまに感じちゃっているんだよということを、ただただ感じることなんです。

意識を向けたり、「事実」を追いかけたりするのではありません。そうじゃなくて、事実に触れて、「ああ、そうなのね」と感じることなんです。

においがそのまんまに、自分を使わずに、ただにおっているようすを、「ああ、そうなのね」と感じる。音がそのまんまに、自分を使わずに、ただ聞こえているようすを、「ああ、そうなのね」と感じる。そして、そのまんまに放っておく。

すると、この体というものは、徹底的に受け身なんだなあっていうことが本当にわかってくるんです。そこがミソなんです。

そのうちに、『バタ足』は『バタ足』なんですけど、『バタ足』なりに楽しくなってくるんですよ。この方法でやっていくと、必ずしも座ることばかりが瞑想じゃなくて、ふだんの生活そのものが自然に瞑想になっていきます。瞑想をやった方がいいのかどうなのかなんていう前に、もう瞑想になっちゃっているんですね。

ついでに、もう一つ言っておきますね。

瞑想をやるときに、みなさんは、よく「無」になるということを目指したりしますけど、「無」っていうのは、そこに向かっていくものなんかじゃありませんよ。思考をそぎ落としていって得るものだとか、そんなふうに勘違いしていらっしゃる人が多いんですけど、決してそういうものではありませんからね。

私たちが生きているようすそのものが「無」なんです。「静寂」なんです。

ここがちょっとむずかしいところではあるんですけれど、ここに気づけるかどうかがポイントなんです。

瞑想について私がアドバイスさせていただいているのはそんな内容です。

「安心」が生まれる場所

「事実」は、今この瞬間に起きていることだけ。徹底して今だけ。今、見えているものがすべて、今、聞こえていることがすべて、今、味わっていることがすべてなんです。それ以外には何もありません。この瞬間だけ。「来週」はないんです。「来月」も「来年」もないんです。「あした」だってありません。

「でも、来週、大事なイベントがあるんですけど」

はい、その考えが〝今、起きている〟んですね。それだけの話です。実際に「来週」

が存在するんじゃないんですよ。

私たちは、一秒過去に戻ることもできない、一秒未来に行くこともできないんです。生まれてからずっと、今以外のときを経験したことなんてないんです。ずっとここにいます。

体はそのように生きています。目は、その瞬間に見えたものだけを見ています。洗濯したタオルをたたんで、洗面所の棚にしまいました。扉を閉めました。タオルはありますか？

「はい、戸棚の中に」

これは記憶です。目からすると、それはもう「ない」んです。これが「事実」なんです。

「さっき誰々の声が聞こえていた。あそこにいるはずだ」

さっきの話ですね。今はどうなの？　今この瞬間に声が聞こえていないならば、「いるかいないかわからない」これが「事実」です。

「全体」は、つねに今この瞬間だけを私たちに見せてくれています。徹底してこの瞬

間だけ。「全体」はそれ以外に持ち合わせていないんです。

そして、私たちは、この「全体」からひとときも離れたことがないんです。ずっといっしょにいるんです。それをふと感じると、「自分はひとりぼっちじゃないんだ」って思うんです。「ああ、あったかいなあ」って思ったりするんです。

「事実」は、「安心」をずーっと届けてくれているんです。条件つきではない「安心」を。

「真理」について、さらにもうちょっと

「真理」を知れば、楽になれるに違いない。あの人みたいになれんじゃなかろうか。なんだかんだ言っても、今よりはいいことだって起きるんじゃないかしら？　お金なんかも少し入ってくるようになっちゃったりして。グフフフ。なんて考えたっておかしくはありません。

「気づき」という言葉には、たくさんの「期待」が、これでもかっていうくらいギューギューに詰まっています。それはそれでいいじゃないですか。それが楽しいなら。きびしい修行をしようってわけじゃないんですからね。

ただ問題は、「真理」というものを、みなさんが、はるか遠くにあるものだと思い込んでいることなんです。今この瞬間にも触れているし、生まれてからずっと一瞬も離れることなく生きてきたということを知らないことなんです。

それは、「考え」が働き出す前の状態です。「見えた」瞬間、「聞こえた」瞬間、「におった」瞬間。この瞬間には、困ったことは何もありません。いいも悪いもいっさいありません。

工事の騒音が「うるさーい！」これは、聞こえた〝あと〟のことです。「聞こえた」瞬間のことではありません。

これが「真理」なんです。

「真理」を知りたい、「真理」を感じたい、一度でもいいから「真理」に触れてみたい。もうとっくにぜーんぶかなってるんです。みなさん、じつは、毎瞬、毎瞬、体験しているんです。

体はまちがいなくそれを捉えているんです。その瞬間だけで体は生きています。現れたら、現れたまんまに捉え、消えたら消えたように捉えているんです。これが「真理」です。二十四時間触れているんです。触れてないときがないんです。〝触れっぱなし〟なんです。

私たちが、空気から離れられないのと同じように、また、お風呂につかったらお湯から離れられないのと同じように、私たちは「真理」から離れられないんです。

家に帰ると、飛びかかってきて離れようとしないワンコと同じなんです。ちょっと離れても、気がつくとこっちを見てたりします。たとえ寝てても、呼べばむっくり起きあがり、のそのそと歩いてきてくれます。

「真理」はいつでもやさしいんです。何十年も生きてきて、相手にもせず、一度も振り返りもせず、声をかけたことがなくても、あなたが気がついたら、すぐに飛んできます。そして完璧な仕事をします。やさしいんです。

お金は運んでこないかもしれません、すてきなお家をプレゼントしてくれるわけでもありません。

けれども、かけがえのないことを教えてくれます。

「真理」はいつもあなたといっしょにいるんです。

ものが見えるということ

ものが見えているっていうことを、みなさんはどんなふうに思われているんでしょう？

「どんなふうになんて言われたって、そりゃあ、見えてるってことでしょう」とそんな答えが返ってくると思います。

それだけじゃないんです。「ただ見えている」というのは、まさにそのとおりなんですが、その奥に秘めているものがあるんです。


ものが見えるっていうのは、その瞬間に、それと完全に一つになって、さらに、「全

体」と完璧につながることを意味しているんです。


要するに、見えるっていうことは、それ自体が完璧な「全体」とのつながりなんです。私たちは生まれてからずーっとこのように活動してきているんです。

これが本当に自然なことなんです。それを忘れているだけなんです。

このことに気づいたとき、私はものが見えるということの本当の素晴らしさを知りました。目に感謝しよう、自分の体の活動に感謝しようなんていうそんなレベルのお話ではありません。「全体」とのつながりの証明なんです。

ですから、色が見えるっていうことだけでも深い感動がそこにあるんです。

以前、ネットでたまたま見つけた動画で、生まれつき色の認識力の弱い人たちが、特殊なサングラスをかけることで、本当の色をはじめて見たときの感動の映像がありました。涙なしには見られません。色がその色のままに見えるということだけで、人は言葉を失い、涙を流すほどに感動をするんです。

「見える」ということが、ただ見えているだけでは収まらない、人間の力などおよぶべきもないものとつながっていること。

音が聞こえていること、音を判別できること、味を感じること、味を判別できること、鼻も、肌の感触も、それから、思考がつぎつぎに自然と浮かぶっていうことだって、それらがすべてが「全体」との強烈なつながりなんです。

私たちは、これを、毎瞬、毎瞬、体験しているんです。生まれてからずーっとです。正確には、それらと完全に一つになってしまうと、実感みたいなものは消えてしまうので、それを「体験」と呼ぶのはおかしなことなんですけれど、ここではそのように表現させていただきます。

これが「事実」なんです。

思考の中で生きてたっていいじゃん！

決まりをつくらずに、もののよしあしをあれこれ持ち出さずに、そのまんまに活動していくことが、私たちの本来の生きている姿です。よく「何もするな」ということが言われますけれど、「何もしない」って決めるのも、また決まりごとなんです。

私たちは大きく三つのステージにわかれて生きています。

一、思考の中で生きている
二、思考の中で「事実」を見ようとして生きている
三、「事実」だけに触れて生きている

「三」をよしとして目指すようなことを私たちはついやってしまいます。

これら三つがすべて「今この瞬間」の中にあることを忘れないでください。どれがよかろうとわるかろうと、それがもうすでに起きているんです。選びようもなく、ただそのように現れているんです。それでいい、ぜんぶそれでいいんです。今は。

「ああ、自分はいつになったら、事実だけに触れて生きていけるのだろう。ありのままに近づけるのだろう」なんて、さらに思考の中に迷い込んでしまうぐらいなら、今、思考の中で生きていることを認めちゃって、堂々としているほうがよっぽどいい。迷

いがないわけです。ある意味、これだって悟りですよ。

一秒先もないんです

「本当に一秒先もないのなら、あしたのためとか、将来のためとかに何かをする必要なんかないですよね？　働く必要だってありませんよね？」といった質問を受けることがあります。

みなさんが勘違いなさっている点があります。

まず、「働く必要なんかないですよね？」というのは、一〇〇パーセント「考え」の領域なんです。「考え」を用いて「働かなくていい」と決めつけているわけです。そこに行っちゃうとまちがいなんです。

そうじゃなくて、一秒先の未来はないっていうことが「頭の理解」じゃなくて、実感としてたしかにあって確信しているというのは、「自分」なんていないままに、「考え」が働いていないままに、ただ起きるがままに活動をしているということなんです。

「考え」を使って何かを決めるっていうことがない状態なんです。

そこに「働かない」っていうことが現れるのなら、それが起きるべくして起きることです。反対に、「働く」っていうことが現れるのなら、それが起きるべきことです。そこに人間の思考や意思はいっさい介在できません。起きるべきことがそのように起きるんです。

頭で考えて、「一秒先はないんだから、これこれこうである」とか、「自分がいないんだから、これこれこうである」なんていうことではないんです。ただただ起きるがままに起きていくんです。そこに「働く」が起きるのか「働かない」が起きるのかは、まったくわからないんです。

「今この瞬間しかない、未来なんてないよ」っていうのは、つらいことから目をそむけるためのものでもないし、それについて「考える」ようなものでもありません。今この瞬間がそこで完全に立ち切れていて、そこから先がまったくないっていうただそれだけのことなんです。

断崖絶壁のふちに立っているところを想像してみてください。もう一歩も先のないところに立っています。あと一歩踏み出せば、崖の下にまっ逆さま……と思うでしょ。

ところが、足を踏み出すと踏み出した分だけ地面が現れるんです。何歩踏み出しても地面が現れます。

でも、今この瞬間には前がないんです。歩くたびに同時に現れるんです。右に踏み出せば、そのとおりに地面が現れます。これに慣れてくると、もう足元が気にならなくなってずんずん歩いていきます。

すると、あらま、目の前に素晴らしい絶景が広がっているじゃないですか！　見たこともないような素晴らしい景色に包まれて、こんなふうにつぶやくんです。

「なんて素晴らしい！　こういうことだったのか！」と。

〝今しかない〟っていうのは、本当に素晴らしい景色なんです。完全に満ち足りちゃっているんです。これ以上必要なものなんて何もない。これを「満足」と言わずして何て言えばいいのでしょう。

気づきを得た人も、そうでない人も

「事実」だけを見ていくと、どうやったって困りようがないことがわかります。気づいたらもうすでに起きていて、それを目や耳や体がとっくに感覚として受け取っちゃっているんです。変えられるはずがありません。そのまんまなんです。

この「事実」は、世界中の万人が触れていることで、なんにも特別なことではないんです。

「気づき」を得た人も、そうでない人もまったく同じ経験をしているということなんです。要するに、誰もが、すでにノンデュアリティの世界をちゃんと経験しているんです。今この瞬間にも経験しているんです。「事実」だけを見ていけばいいんです。

「こんなことでいいんですか？」と、みなさんおっしゃいます。いいんです。というか、これしかないんです。

ノンデュアリティとは、「事実」を「事実」そのまんまに感じることなんです。

そうしていく中で、自分の思考が気にならなくなってくると、出来事そのものが気にならなくなってきます。問題と捉えなくなってきます。そりゃあそうです。すべてがあなたの中で起きていることなんですから。すべてあなたの感覚の現れなんですから。外の出来事じゃないんです。

そうすると、「考え」があっても、よりスッキリしたものになって、行動もすみやかになります。迷いがない。結果を期待しない行動というものが現れてきます。主体の消えた行為です。

それがそれしかない形で起き、そのまんまにすすんでいく。これが私たちの本来あるべき姿なんです。起きたまんまに生きていく、とらわれのない生き方です。

何をどう考えようが、何をどう動こうが、それが原因となって、どんな結果が出ようと、「そこに自分はいっさいかかわることはできない」ということを知っている強さ。

物事がただ起きては消え、起きては消えてくようすに身をまかせる。私たちの体はずっとそのようにして活動をしてきています。それに逆らっているのは、「考え」だけなんです。

「考える力」というのは、人間だけに与えられた素晴らしい能力です。それを押し込めろというのではありません。必要のないときに持ち出さずにいられるようになれば、私たちはもっと幸せでいられるんです。

「事実」はこれ以上望めないほどに完璧です。それが毎瞬、毎瞬、起きているんです。「ああ、ほんとにすごいことがこの瞬間この瞬間に起きてるんだなあ」って思いますよ。

ところが、実際にはそれがなかなかそうはなれず、不安や後悔、これからやらなくちゃいけないこと、責任、人間関係、お金、異性、仕事などに振りまわされて生きています。

それがいけないとかそういうことではなくて、とにかく、すべてが自分の感覚なんだ、自分の中で起きていることなんだっていうことに気づいてほしいんです。

何も起きてないとか、幻想なのだっていうようなことじゃなくて、自分の中〝だけ〟で起きていることなんだと知ってほしいんです。

ぜーんぶ自分の活動なんです。自分の活動じゃないものは何一つないんです。他人が食べた味を、あなたは知ることができないんです。あなたが食べたときにはじめて味がわかるんです。

夕陽がどれほどきれいでも、あなたがそれを見ないかぎり、あなたはそれを知らないんです。他人が見た夕陽を、あなたが感じることはできません。自分の中に映ってはじめてそれを知ることができるんです。

すべてはあなたが意識を向けなければ存在できないんです。そして、「事実」はまた現れ、すぐに消えていきます。そしてまたつぎの「事実」が現れる。これがただ淡々と繰り返されるだけ。

それがあなたの中で、ただ起きているんです。

しかも、あなたなしで、です。

ここがポイントです。すべてがあなたなしで動いているんです。

これは気づきを得た人にも、そうでない人にも、まったく同じように起きているんです。

幸せの条件は完璧にそろっているんです。すべての人に不足することなく完璧にそろっているんです。今この瞬間に。

条件ぬきの幸せ

怒りだって湧きます。悲しみだって湧きます。でも、ただそのように湧くだけです。あれが欲しい、あれがしたい、これもしたい。つぎつぎに湧いてきます。そして、すっと消えていきます。

「事実」を見たら、まちがいなくそうなっています。その瞬間に現れ、つぎの瞬間には消えている。

すべてがただ湧いては消えていく。ただこれだけのこと。けれども、その一つひとつが輝いているんです。すべてがそれしかない形で輝き現れているんです。

すべてが完璧に満たされています。

「これが満たされてるなんて、これが幸せだなんて、冗談じゃない！」と、そんなふうに思われる方も多いでしょう。

私だって、現在のような気づきがあるまでは、このような表現を信じることができませんでした。でも、「事実」は本当にそうなっていました。

この幸せをひとことで表現するとしたら、こうです。

条件ぬきの幸せ――。

まさに、条件ぬきなんです。

ただ幸せなんです。

ものがなくたって幸せなんです。

悩みだらけでも幸せなんです。
いろいろうまくいっていなくたって幸せなんです。

ついでにもう一つ大切なことを言っておくと、この幸せを感じているのは「個」ではないということ。自分に向かって起きているんじゃないんです。「条件ぬきの幸せ」が、誰のものでもなく、そこいら辺にプカプカ浮かんでいるんです。

プカプカ、プカプカ……。

誰のものでもない幸せが、

プカプカ、プカプカ……。

誰のものでもないのに、

どうしたわけかわからないんだけど、
ああ、幸せなんだなあー。

あとがき

最後までお読みいただきありがとうございました。

いかがでしたでしょうか、『バタ足ノンデュアリティ』。

ノンデュアリティは私たちの実生活そのものなんです。単純すぎるほどに単純なことばかりです。すべては自動で起きていく、私たちは今にしかいられない、この瞬間しか存在しない、世界のすべてが自分の中にある、今あるもの以外は存在しない……。

でも、ノンデュアリティは、悩みを持つ方などに対して治療薬を処方するような性質のものではありません。ただひたすら「事実」はこうなんですよと語りかけるだけです。

それじゃあ救いがないい？

いえいえ、そこが違うんです。

ノンデュアリティは、「私たちはもうすでに救われちゃってるんですよ、最初っから満ち足りちゃってるんですよ」ということを語っているんです。


あれやこれやお話をしていますが、結局はそこなんです。

私がお話ししているのは、ただそこにある「事実」に触れることだけです。本当にそれだけ。

むずかしい話なんてぬきにして、『バタ足』をおもいっきり楽しんでください。バシャバシャ水しぶきをあげちゃってください。

すると、あるとき、ふと気がつくんです。

「あれ？　悩みが消えてる！」なんて。

そんなことがみなさまに起きることを期待しつつ筆を置くことにします。

この本が、みなさまの深刻さを少しでも減らすことに役立ったなら、著者として、これほどうれしいことはありません。

この本の出版に関わってくださったすべてのみなさま、そして何より、この本を読んでくださったみなさまに、心から感謝申し上げます。

金森　将

著者紹介 ……………………………………………………………………

金森 将（かなもり・しょう）

東京都練馬区出身。30歳を過ぎて願望実現にはまり、40歳を過ぎてケーキ店を持つ。50歳を過ぎて生き方に行き詰まり、あらゆる願望を投げ捨てたある日起きた突然の空白。波のように押し寄せる“気づき”の中身を綴ったブログが人気となる。その後、ノンデュアリティをわかりやすくひも解くウェブ上の幼稚園『ノンデュアリティかなもり幼稚園』を設立。園長としてその活動の場を広げている。愛妻家。元サーファー。著書『バタ足ノンデュアリティ』『ノンデュアリティって、「心」のお話じゃないんですよ！』『くり返し触れたい《バタ足》メッセージ373選』（以上、ナチュラルスピリット）。

ウェブサイト
『ノンデュアリティかなもり幼稚園』
https://kanasho.amebaownd.com/

バタ足ノンデュアリティ

ノンデュアリティって、徹底、日常生活のことなんですよ！

●

2020年1月17日　初版発行
2023年6月5日　第3刷発行

著者／金森 将

装幀・本文デザイン・DTP／ Dogs Inc.
編集／西島 恵

発行者／今井博揮
発行所／株式会社 ナチュラルスピリット
〒101-0051 東京都千代田区神田神保町3-2 高橋ビル2階
TEL 03-6450-5938　FAX 03-6450-5978
info@naturalspirit.co.jp
https://www.naturalspirit.co.jp/

印刷所／モリモト印刷株式会社

ISBN978-4-86451-327-2 C0010